質問に答えるだけで
エントリーシート・履歴書 がすぐ書ける

受かる！自己分析シート

Self-analysis

田口久人 Hisato Taguchi

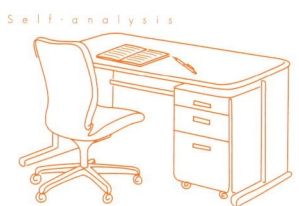

日本実業出版社

はじめに

　私はこれまで日本一の自己PRを決める「自己PRコンテスト」を開催し、500以上もの自己PRを添削してきました。それらを添削している時、「エピソードをもっと掘り下げてください」「自分の強みがエピソードで裏づけられていません」などとコメントすることが多々あるのですが、その原因のほとんどは自己分析不足にあります。自分の強みがわかっていないことがあまりに多いのです。

　私自身、就職活動をしていた頃は、「自分の強み」や「本当にやりたいこと」を見つけるのにとても苦労しました。自己PRは毎回コロコロ変わるし、内定が出ても「この会社で働いて、本当に楽しいだろうか？」と随分悩んだものです。何度自己分析を繰り返しても、なかなか自分の強みを見つけられませんでした。

　そこで、自分の強みを見つけるために、自分なりのワークシートを作って自己分析にひと工夫を加えてみました。その結果、「本当にやりたいこと」「自分の強み」を見つけ出すことができ、心から入りたいと思える企業に内定することができたのです。

　自分の就職活動を終えた後、私はネットを通じて情報を提供し、就職活動の勉強会を開催してきました。運営するブログやホームページの1日の総アクセス数は1万人を超え、現在はキャリア・コンサルタントとして学生を指導しています。勉強会では独自のワークシートを使って指導し、本命の企業から内定をもらった学生さんからは、次のような感想をいただきました。

　「自己分析って、こんなに簡単だったんですね。ワークシートを使ったら、自分の強みがあまりに簡単にわかって驚いています。自己分析が楽しくなると同時に、重要性にも気づき、おかげさまで簡単に自己PRを作ることができました。本当にありがとうございました」

今回、この本を通してはじめて独自のワークシートを公開することになります。「今までうれしかったことは？」「今まで悲しかったことは？」といった質問への回答や、「自分史」の作成などをする必要はありません。たった25の質問に答えるだけで、「本当の自分」が見えてきます。そして、なにより自分の回答をすぐに履歴書やエントリーシートに活用できるのです。

　ちゃんと自己分析をして準備をしていれば、就職活動は怖くありません。本書があなたの納得のいく就職活動に、少しでもお役に立てることを願っています。

2008年8月

　　　　　　　　　　　　　　　　　　　　　　　　　　　　　　著者

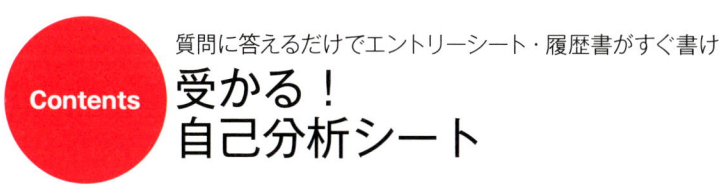

Contents

質問に答えるだけでエントリーシート・履歴書がすぐ書ける
受かる！自己分析シート

はじめに

第1章 自己分析について

- 自己分析について ……………………………… 8
- 自己分析の方法 ………………………………… 11
- 自己分析のコツはWHY思考、HOW思考 …… 13

第2章 自己分析シート

- ワークシートの狙い …………………………… 16
- ワークシートの使い方 ………………………… 18
- 早見表 …………………………………………… 20

自己分析

- ❶ 今まで好きだったもの、熱中したものはありますか？ ……… 22
- ❷ あなたの好きな言葉を挙げてください ……………………… 24
- ❸ あなたの好きな番組、お気に入りサイトはありますか？ …… 26

- ❹ あなたは表彰されたことがありますか？
  資格を取得していますか？ ･････････････････ 28
- ❺ あなたがどうしてもやめられないことはありますか？ ････････ 30
- ❻ あなたは過去に戻れるとしたら、いつに戻りたいですか？ ･･･････ 32
- ❼ あなたは尊敬する人がいますか？ ･････････････ 34
- ❽ あなたは親のようになりたいですか？ ･･････････ 36
- ❾ あなたが亡くなった時、
  周りからどんな人だったと言われていますか？ ････････ 38
- ❿ あなたが何でも実現できるとしたら、
  仕事で何をしますか？ ･･････････････ 40
- ⓫ 死ぬまでにしたいことはありますか？ ･･････････ 42
- ⓬ なぜ、あなたはゼミに入ったのでしょうか？ ･････････ 46
- ⓭ サークル（部活動・学生団体・ボランティア）で
  何をしましたか？ ････････････････ 48
- ⓮ アルバイトをしたことがありますか？ ･･････････ 50
- ⓯ あなたに子どもがいたら大学へ行かせたいですか？ ･･･････ 52
- ⓰ 学生時代、一番忙しかった時はいつですか？
  その時、何をしていましたか？ ･･･････････ 54
- ⓱ あなたが考えるダメな人間とはどういう人ですか？ ･･････ 56
- ⓲ 一番嫌いな人、苦手な人と比べて優れている点はありますか？ ･･ 58
- ⓳ あなたには短所がありますか？ ･･････････････ 60
- ⓴ あなたの希望する仕事は何ですか？ ･･･････････ 62
- ㉑ あなたの強みは何ですか？ ･････････････････ 64
- ㉒ 3年後の自分から今の自分にメッセージを ･･･････ 66
- ㉓ あなたの今後のキャリアプランは？ ･･･････････ 68
- ㉔ あなたは本を出すことになりました。
  プロフィールはどのように紹介されていますか？ ･････ 70
- ㉕ あなたはいつ就職活動を終えますか？ ･･････････ 72

第3章
他己分析シート

他己分析

㉖ 通信簿の先生のコメントはどんなことが書かれていましたか？ ‥‥ 76
㉗ 適職診断の結果はどうでしたか？ ‥‥‥‥‥‥‥‥‥‥‥ 78
㉘ ほめてもらったことはありますか？ ‥‥‥‥‥‥‥‥‥‥ 80

㉙ 自分の強みに気づく「強み再確認シート」‥‥‥‥‥‥‥‥ 82
㉚ 理想の自分に気づく「これからのワタシート」‥‥‥‥‥‥ 84

第4章
企業研究について

企業研究について ‥‥‥‥‥‥‥‥‥‥‥‥‥‥‥‥‥‥ 88
企業研究の方法について ‥‥‥‥‥‥‥‥‥‥‥‥‥‥‥ 89
OB・OG訪問の仕方 ‥‥‥‥‥‥‥‥‥‥‥‥‥‥‥‥ 90
企業研究の活かし方 ‥‥‥‥‥‥‥‥‥‥‥‥‥‥‥‥‥ 93

㉛ 自分に合った企業を見つける「企業探シート」‥‥‥‥‥‥ 94
㉜ 徹底的に志望企業を調べる「企業研究シート」‥‥‥‥‥‥ 96

第5章
履歴書・エントリーシートについて

履歴書・エントリーシートの基本的な書き方 ･････････ 102
エントリーシート記入例 ･････････ 105
履歴書（履歴欄）作成について ･････････ 106
履歴書（自己紹介書）作成について ･････････ 108

㉝ 自己PRツリー ･････････ 120
㉞ 自己PR確認シート ･････････ 124
㉟ 自己PR作成シート ･････････ 126
㊱ 志望動機ツリー ･････････ 128
㊲ 志望動機確認シート ･････････ 132
㊳ 志望動機作成シート ･････････ 134
㊴ 内定を確実にする「最終確認シート」 ･････････ 136
㊵ 履歴書（自己紹介書）作成シート ･････････ 138
㊶ 面接シート ･････････ 140

付　録
自己ＰＲ事例集

自己PR事例集 ･････････ 146

イベント企画／書道／アクセサリー製作／映像制作／海外ボランティア／塾講師アルバイト／コンビニエンスストア・アルバイト／ボランティア／ゼミ／海外インターン／留学／語学学習／家庭教師アルバイト／ファーストフード・アルバイト／演劇サークル／水泳指導員／コーヒーショップ・アルバイト／派遣／インターン／居酒屋アルバイト

おわりに

本文DTP／ムーブ（川野有佐）

第1章 自己分析について

自己分析について

　突然面接が始まって、「**あなたの強みは何ですか？**」と聞かれたら、すぐに答えることができるでしょうか？

　就職活動は自分を売り込まなければならないものです。あなたは自分をうまく企業に売り込めるでしょうか？

　自分自身のことは知っているようで知らないものです。他の人からしてみれば、なおさらあなたのことはわかりません。どのような人物かわからなければ、企業側も一緒に働きたいとは思わないし、採用もしないでしょう。

　自分を売り込むためには、**まず自分について知る**必要があります。そして、企業にあなたのことをわかりやすく説明しなければなりません。自分でさえよくわからないのに、相手に伝えることはとても難しいことです。そのため、どのような強みがあるのか、どのようなことをやりたいのかなど、自分についてあらかじめ整理して、理解しておく必要があります。

　このように**自分について整理・理解する**ことこそが、「自己分析」です。就職活動で、はじめてする人が多いでしょうから、とても難しいものだと思われがちです。しかし、難しく考えることはありません。すでに答えはあなたの中にあり、後はそれを探すだけなのです。

　では、自己分析をする前と後のあなたの状況を水槽にたとえてみましょ

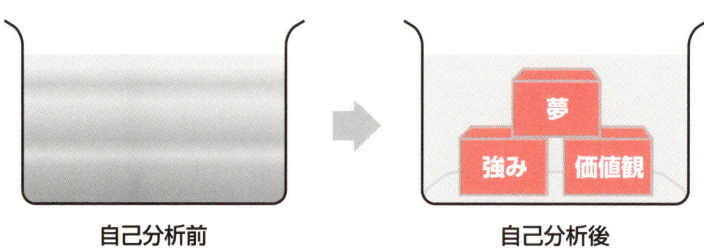

う。自己分析をする前は、「不安」で水槽は濁っています。水槽の中はよく見えず、何が入っているのかわからない状態です。しかし、自己分析をすることによって、水槽の中にある自分の「強み」「価値観」「夢」などがはっきりと見えてきます。

　自己分析をしたほうが、効率的に就職活動を進めることができます。これをしっかりしていないと、企業研究、エントリーシート、面接などでつまずくことになります。
　就職活動の時間は限られていますし、すべての企業を研究する時間はとてもありません。だからといって、企業研究不足でふさわしくない企業に入社してしまったら、すぐに辞めることにもなりかねません。
　自己分析をしっかりしていれば、狙いを定めた企業研究をすることができ、自分に合った企業に内定することができます。**基礎（自己分析）をしっかりやる**ことが大切なのです。

就職活動の流れ

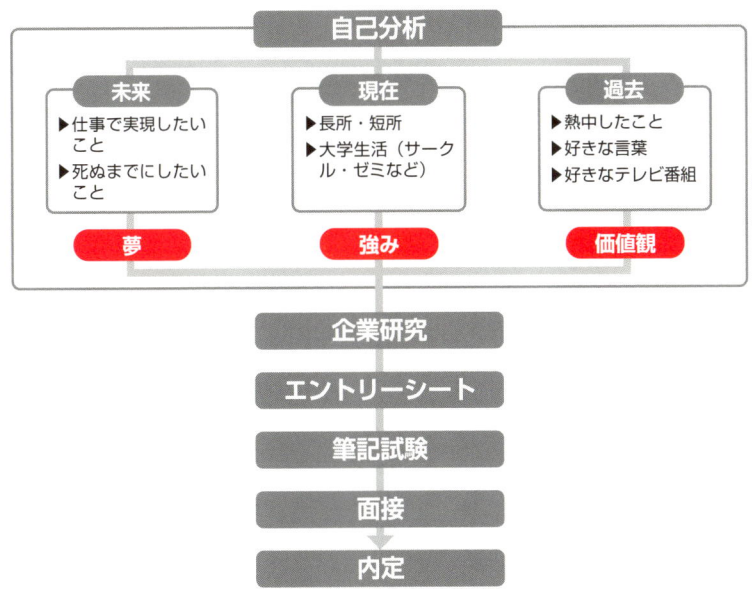

自己分析をしている人、していない人の違い

	自己分析をしている人	自己分析をしていない人
企業研究	自分にふさわしい企業がわかっているので、的を絞って詳しく企業研究や分析ができる。	ただやみくもに企業研究をするので、自分に合っていない企業を分析するなど無駄も多く、時間が足りなくなる。
エントリーシート	自分の強み、やりたいことがわかっているので、エントリーシートをたくさん書く場合でも慌てずに提出することができる。	エントリーシートの締め切りが近づくたびにその場で考え、不完全なエントリーシートを提出することになる。
筆記試験	企業研究ができているので試験の傾向がわかり、高得点をとりやすい。目的が明確なので勉強の意欲もわいてくる。	企業研究が不十分で試験の傾向がわからず、高得点をとりづらい。いい得点をとるためだけに勉強するので意欲もわかない。
面接	話すべきことがわかっているので、どんな質問が来ても、余裕を持って的確に答えることができる。	本当の自分の強みや、やりたいことを話せない。予想外の質問をされると、答えられなくなってしまう。
内定	仕事を通じてやりたいことができる会社に入社することができる。入社後も仕事で活躍できる。	内定をもらえない。もらえたとしても不本意な企業からのみ。入社後、すぐに辞めてしまうことになる。

自己分析の方法

では、「自己分析」はどのようにすればいいのでしょうか。簡単に言えば、**「自分に質問する」**ことです。

例えば、どうしてテニスサークルを選んだのか、テニスサークルで何をしてきたのか、どのようにサークルに貢献していたのか、などを自分に問いかけることです。水槽にたとえると、自分の「強み」「価値観」「夢」は水槽の底にあり、それらを探すためには何度も何度も質問を繰り返して、自分を掘り下げなければなりません。

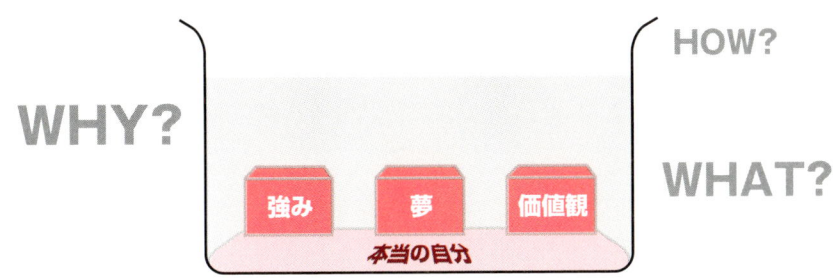

では、やりたいこと（夢）や自分の強み、価値観について考えてみましょう。

やりたいことを厳密に考えると、「できること」「やりたいこと」「本当にやりたいこと」の3段階に分けられます。

「できること」とは、やりたいと思えば、やれてしまうこと、例えば食事することや寝ることなどのことです。

「やりたいこと」とは、「まだやれていないこと」と言い換えてもいいでしょう。例えば、「TOEICで700点を取得する」「テニスサークルの大会で優勝する」など、努力すればなんとかなるかもしれないレベルです。

最後に**「本当にやりたいこと」**、それこそが「夢」です。人生を通して成し遂げたいこととはいえ、そんなに簡単にできるものではありません。しかし、夢（目標）を持つことはとても大切です。就職活動における「夢」とは、すなわち**「仕事を通じて成し遂げたいこと」**です。自己分析では、この

奥底にある「本当にやりたいこと」を見つけなければなりません。それは、自分が今までやってきたこと、楽しかったこと、人を喜ばせたことなどの中にあるはずです。

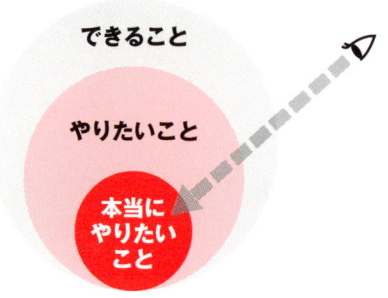

次に自分の「強み」「価値観」について考えてみましょう。

それらは**今までに学んだこと、考えたこと**などから成り立っています。たった1日、1週間、1ヶ月どころではなく、今まで生きてきた中で培われてきたものです。そのためには今まで自分がやってきたこと、思い出など自分のエピソードについて振り返らなければなりません。そして、その時、自分がどのようなことを考え、どのようなことを学んだのか、過去の自分について改めて考えます。**過去の自分に対して現在の自分が質問する**ことによって、自分の強みや価値観が見つけられるのです。

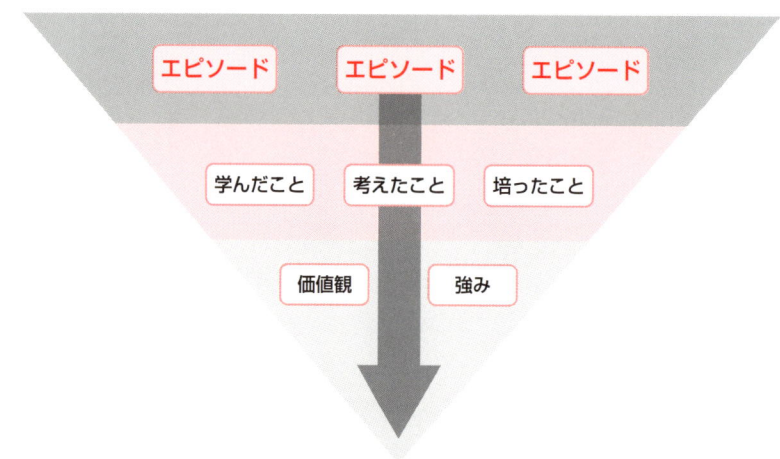

自己分析のコツはＷＨＹ思考、ＨＯＷ思考

　ただ質問をしているだけでは、なかなか本当の自分の強みや夢にたどりつけないかもしれません。自己分析の質問には、「コツ」があるのです。それは、「**５Ｗ１Ｈ」で質問する**ことです。詳しく言えば、「WHEN（いつ）、WHO（誰が）、WHERE（どこで）、WHAT（何を）、WHY（どうして）、HOW（どのように）したのか」を考えて質問することです。

　例えば、居酒屋でアルバイトをしているＡ君について分析してみましょう。Ａ君に「５Ｗ１Ｈ」を用いて、居酒屋のアルバイトについて質問した回答は次のような文章になります。

　「学生時代に、私（Ａ君）が、居酒屋で、お金がほしくて、アルバイトをして、お客様の注文を聞いていた」

```
WHEN   ・・・・・・   大学時代
WHO    ・・・・・・   私
WHERE  ・・・・・・   居酒屋
WHAT   ・・・・・・   アルバイト
WHY    ・・・・・・   お金がほしかったので
HOW    ・・・・・・   お客様の注文を聞いた
```

　「学生時代に居酒屋でアルバイトをする」ことは、大学生ならいかにもしていそうなことです。質問の際に**一番大切なのは**、「**WHY**」「**HOW**」です。この２つを繰り返すことで、自分にしかない経験や考えを引き出すことができるのです。しかし、この例で言えば、「WHY」「HOW」の掘り下げが甘く、誰でもしていそうなエピソードになっています。そこで、何度も「WHY」「HOW」を繰り返して、さらに自分に質問してみましょう。

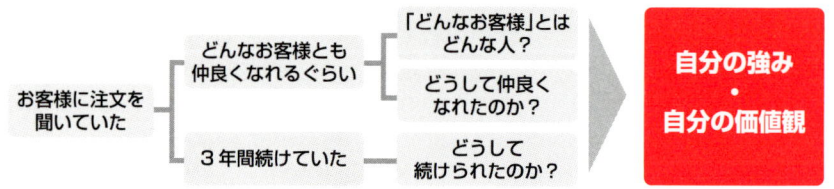

　このように**繰り返すことによって、自分にしかない経験、自分の強み、価値観が見えてくる**のです。自己PRを添削していて、よく「掘り下げが甘い」「もっと具体的に書きましょう」と指導することがありますが、それは「WHY」「HOW」で自分を掘り下げることができていない場合がほとんどです。他にもありきたりな自己PRや、誰でも書けそうなことが書いてあれば、今すぐ「WHY」「HOW」を繰り返して、もっと自分を掘り下げましょう。

　本書では、ワークシートに答えるだけで自然と「WHY思考」「HOW思考」を持って取り組める質問が用意してあります。ただ質問に答えるだけで、あなたの強みや価値観、夢を引き出すことができます。自己分析をする前には、必ず次の「自己分析宣言」を読んで宣言しましょう。自己分析をする際の注意事項になります。

自己分析宣言

1．私は何度も繰り返して、楽しんで自己分析をします。
素晴らしい自分の強みや、本当にやりたいことを見つけるために何度もワークシートを見直します。考えれば考えるほど自分のことがわかってくるので、楽しんで行ないます。

2．私はゼロから考えて自己分析をします。
気づかなかった自分の良さが見つかるかもしれないので、最初から自分の強みなど決めつけずに取り組みます。また、「自分なり」「さまざま」「その他」など、自分で勝手にまとめるようなことはしません。

3．私は本音を語り、自己分析をします。
誰にも見られるわけではないので、思いついたことは何でも書きとめます。良いところ、悪いところを含めて自分なので、よく見せようなんて思わず、ありのままの自分を考えます。

第2章 自己分析シート

ワークシートの狙い

　ただやみくもに自己分析をしても、エントリーシートや履歴書にどう活かしてよいのかわからないことでしょう。本書ではワークシートに順番に答えていくだけで、うまく活用できるように構成しています。

STEP1　自己分析シート

自分の過去、現在、未来に関する質問が順番に掲載されているので、自分ではどのように思っているのか、思いつくままに記入してみましょう。必ず順番通りに回答してください。回答に対して、「発見シート」を使用し、キャリアカウンセラーになったつもりで客観的に分析します。

STEP2　他己分析シート

自己分析した結果が必ずしも正しいとは限りません。もしかすると思い込みかもしれません。正しいかどうかをまわりの人に他己分析シートで確認してみましょう。例えば、友達、両親などに聞いてみるとよいでしょう。そして、自己分析の結果と他己分析の結果をもとに、「強み再確認シート」などで自分の強み、やりたいことを確認します。

STEP3 企業研究シート

自己分析をすると、自分の価値観、強み、やりたいことなどがわかってきます。今度は価値観に合っている、自分の強みが活かせるような企業を、企業探シート、企業研究シートを使用して調べましょう。

STEP4 履歴書準備

今まで自己分析シート、他己分析シート、企業研究シートで記入してきたことをもとに実際に履歴書に記入し、本番のために準備しておきましょう。シートの回答が履歴書のどの部分に当たるのかわかるようになっているので、簡単に記入することができます。

STEP5 実際にエントリーシート、履歴書を提出

各シートは、エントリーシートでよくある設問にも対応しています。エントリーシートや履歴書を提出しなければならない時には、早見表や準備した履歴書を見ながら記入しましょう。エントリーシートを書くたびに一から考える必要はなく、すぐに企業へ提出することができます。

ワークシートの使い方

　本書には、全部で41のワークシートが収められています。基本的に左ページに記入例、右ページに書き込み用のシートという形式になっています。

質問
自分を掘り下げるための質問です。じっくり考えましょう。

早見タグ
この質問に答えることによって見えてくる主な項目です。

自己分析 1　今まで好きだったもの、熱中したものはありますか？
　　　　　　　　　　　　　　　　　　　　　　　　　　趣味・自己PR

あなたの好きなもの、熱中したものを記入しましょう。自分が好きなものをあげることによって、「趣味」や「特技」がわかります。好きなものは「趣味」になり、さらに続けることで「特技」になっている可能性が高いのです。

アドバイス
ワークシートを記入する際の注意点です。

> 好きなゲーム、映画、漫画、本、雑誌、場所、収集しているものなど「好きなもの」を考えよう。

【モノ】
大貧民／スケッチブック／リロ＆スティッチのDVD／ガム／車／高速道路／幽遊白書／TUGUMI／ピアス／マニキュア／美容院／写真／アルバム／ギター／推理小説／日記帳／霧の乙女号／ナイアガラの滝／グランドキャニオン／プラネタリウム／秋の清水寺／フィールドアスレチック／江ノ島／牛久の大仏／鎌倉／高尾山／夏井川渓谷／福島県／Trick／スパイダーマン／メメント／タイタニック／ワンピース／ふしぎ遊戯／火垂るの墓／風の谷のナウシカ／もののけ姫／となりのトトロ／マジック／ニコニコ動画／YouTube／パソコン／アナログ時計／メガネ／数学／中央線／コピー機

記入例
右ページのワークシート記入の際に参考にしてください。

【行動】
ピアノ／ドライブ／水族館・動物園に行くこと／山登り／海を眺めること／洞窟・鍾乳洞巡り／音楽鑑賞（特にロック系）／映画鑑賞（スリルのある映画）／お笑い・音楽番組を見ること／絵を描くこと／絶叫マシンに乗ること／ライブに行くこと／計算／寝ること／歌を歌うこと／ギターを弾くこと／花火／ネイルアート／人に当たらないように歩くこと／ネットサーフィン／パワポの動画を作成すること／アルバムを見返すこと／たまにする大掃除／人の話を聞くこと

> 習い事、遊び、休日にしていることなど、「好きな行動」を考えよう。

発見シート
あなたはキャリアカウンセラーです。この人の強み（価値観）に関するワードを分析してみましょう。

注目	好きな理由・動機・キッカケ	発見
数学	解き方は違っても答えは常に1つだからです。それに比べて、国語のように人によって解釈や答えは異なるはずなのに、正解が1つしかないのは納得いきません。考え方は違っても、1つの答えに向かって辿り着こうとすることが好きです。	答えを導き出すことが好き
歌を歌うこと	音楽の授業で歌の成績が悪く、カラオケでもうまく歌えなかったことが悔しくて合唱部に入りました。その甲斐あって声がだんだん出るようになり、人前で歌うことにも慣れました。また、たくさんの人で1つのものを作る楽しさも知りました。カラオケで「うまいね」とほめられると、特技があるのだと自信がわきます。	歌が得意　悔しいからこそやる　みんなで1つのものを作るのが好き

> 好きなもの、好きな行動から1つずつ選ぼう。

> 他のもの（嫌いなもの）と比較して考えると思い浮かびやすい。

メッセージ
就職活動で落ち込んだ時に読んで元気を出してください。

【就活生へのメッセージ】たった1日輝くために364日頑張る 努力は1日でも怠らない

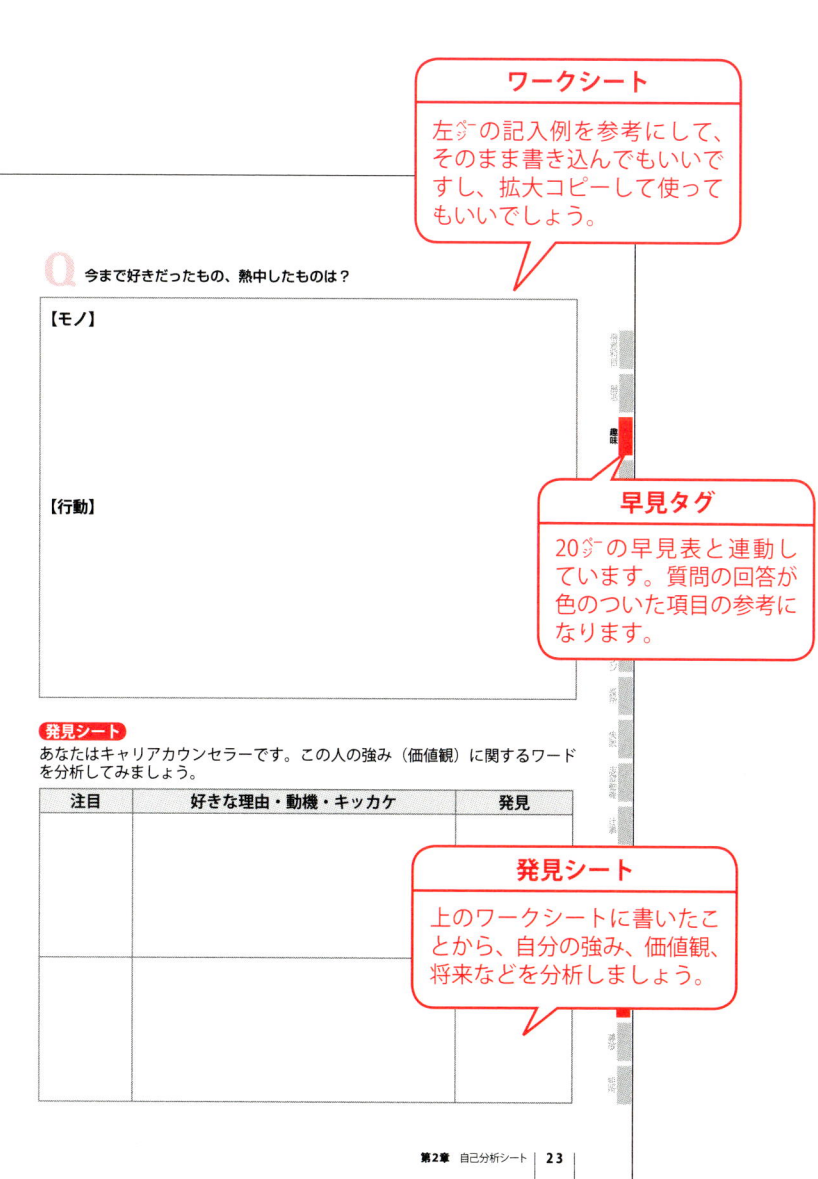

早見表

エントリーシート項目	1	2	3	4	5
得意科目・ゼミ					
サークル・クラブ活動・スポーツ					
趣味・特技	●		●	●	●
自覚している性格			●	●	
資格				●	
自己ＰＲ	●	●	●	●	●
学生時代に頑張ったことは何ですか？					
あなたの最大のチャンレジは何ですか？					
あなたの強み（長所）は何ですか？			●		
失敗体験・失敗を乗り越えた経験は？					
志望動機					
あなたは将来どのような仕事をしたいですか？					
あなたの企業選びのポイントは？					
あなたは３年後（将来）どうなりたいですか？					
最近、最も関心をもっていること	●		●		
最近、印象に残った本	●				
あなたの尊敬する人は誰ですか？					
あなたの弱み（短所）は何ですか？					

本書の25の自己分析シートは下記の早見表と連動しています。対応する番号の回答を参考にすると、よくあるエントリーシート項目に答えやすいでしょう。

	6	7	8	9	10	11	12	13	14	15	16	17	18	19	20	21	22	23	24	25
得意科目							●													
部活								●												
趣味																				
性格				●								●	●			●				
資格																				
自己PR							●	●	●	●	●	●	●			●				
学生時代								●	●	●	●									
チャレンジ								●	●	●	●									
長所												●	●			●				
失敗	●						●		●	●										
志望動機	●	●	●	●	●	●									●		●	●	●	●
仕事	●	●	●	●	●										●		●	●	●	
企業選び	●	●	●	●	●										●		●	●		●
将来	●	●	●	●	●	●											●	●	●	
関心																				
本																				
尊敬		●	●																	
短所														●						

第2章　自己分析シート

自己分析 1

今まで好きだったもの、熱中したものはありますか？

趣味・自己PR

あなたの好きなもの、熱中したものを記入しましょう。自分が好きなものをあげることによって、「趣味」や「特技」がわかります。好きなものは「趣味」になり、さらに続けることで「特技」になっている可能性が高いのです。

> 好きなゲーム、映画、漫画、本、雑誌、場所、収集しているものなど「好きなもの」を考えよう。

【モノ】
大貧民／スケッチブック／リロ＆スティッチのDVD／ガム／車／高速道路／幽遊白書／TUGUMI／ピアス／マニキュア／美容院／写真／アルバム／ギター／推理小説／日記帳／霧の乙女号／ナイアガラの滝／グランドキャニオン／プラネタリウム／秋の清水寺／フィールドアスレチック／江ノ島／牛久の大仏／鎌倉／高尾山／夏井川渓谷／福島県／Trick／スパイダーマン／メメント／タイタニック／ワンピース／ふしぎ遊戯／火垂るの墓／風の谷のナウシカ／もののけ姫／となりのトトロ／マジック／ニコニコ動画／You Tube／パソコン／アナログ時計／メガネ／数学／中央線／コピー機

【行動】
ピアノ／ドライブ／水族館・動物園に行くこと／山登り／海を眺めること／洞窟・鍾乳洞巡り／音楽鑑賞（特にロック系）／映画鑑賞（スリルのある映画）／お笑い・音楽番組を見ること／絵を描くこと／絶叫マシンに乗ること／ライブに行くこと／計算／寝ること／歌を歌うこと／カラオケ／ギターを弾くこと／花火／ネイルアート／人に当たらないように歩くこと／ネットサーフィン／パワポの動画を作成すること／アルバムを見返すこと／たまにする大掃除／人の話を聞くこと

> 習い事、遊び、休日にしていることなど、「好きな行動」を考えよう。

発見シート

あなたはキャリアカウンセラーです。この人の強み（価値観）に関するワードを分析してみましょう。

注目	好きな理由・動機・キッカケ	発見
数学	解き方は違っても答えは常に1つだからです。それに比べて、国語のように人によって解釈や答えは異なるはずなのに、正解が1つしかないのは納得いきません。考え方は違っても、1つの答えに向かって辿り着こうとすることが好きです。	答えを導き出すことが好き
歌を歌うこと	音楽の授業で歌の成績が悪く、カラオケでもうまく歌えなかったことが悔しくて合唱部に入りました。その甲斐あって声がだんだん出るようになり、人前で歌うことにも慣れました。また、たくさんの人で1つのものを作る楽しさも知りました。カラオケで「うまいね」とほめられると、特技があるのだと自信がわきます。	歌が得意 悔しいからこそやる みんなで1つのものを作るのが好き

> 好きなもの、好きな行動から1つずつ選ぼう。

> 他のもの（嫌いなもの）と比較して考えると思い浮かびやすい。

Q 今まで好きだったもの、熱中したものは？

【モノ】

【行動】

🔴 **発見シート**

あなたはキャリアカウンセラーです。この人の強み（価値観）に関するワードを分析してみましょう。

注目	好きな理由・動機・キッカケ	発見

第2章 自己分析シート

自己分析 2

あなたの好きな言葉を挙げてください

性格・自己PR・長所

好きな言葉を記入しましょう。好きな言葉というのは自分の「モットー」である場合が多いものです。また、それらの言葉は、「あなたがそうありたい」という証拠でもあります。すぐに思いつかなければ、自分の好きな本・漫画・ドラマ・映画の中で気になった言葉、四字熟語、ことわざなどを挙げてみましょう。

諦めたらそこで試合終了だよ／やってみなきゃわからない／

逃げると挑むって漢字は似ているけど私は挑むよ／ありがとう／当たって砕けろ！／

私は私／失敗は成功のもと／行動しない後悔よりも行動した後悔／

努力は達成したら終わりじゃない。本当の努力とは継続すること／

誰もが奇跡を信じない。でも、信じた者にだけ奇跡は訪れる／

ひとりで頑張らない。多くの人に支えてもらえばいい。みんなで幸せになればいい／

なせばなる、なさねばならぬ何事も／一期一会／いつも笑顔だね

> 友達に言われた言葉、ほめられた言葉でもいい。

発見シート

あなたはキャリアカウンセラーです。この人の強み（価値観）に関するワードを分析しましょう。

最後まで諦めない／失敗を恐れない／行動力／挑戦する／感謝する／笑顔が好き／出会いを大切にする

【就活生へのメッセージ】本気で成功したいと思うのなら 何でもやる 少しでも可能性があれば やってみる

Q あなたの好きな言葉を挙げてください

> 🏷️ **発見シート**

あなたはキャリアカウンセラーです。この人の強み（価値観）に関するワードを分析しましょう。

自己分析

3 あなたの好きな番組、お気に入りサイトはありますか？

趣味・性格・自己PR

好きな番組、好きなサイトを記入しましょう。テレビ番組やサイトはある程度興味がなければ見ることはありません。関心があるからこそ見ているものです。もし今は見ていないとしても、パソコンや携帯電話の「お気に入り」に登録しているということは関心を持っていたということです。毎日見ている番組やサイトを考え、「お気に入り」を見てみましょう。

【好きな番組】

新撰組／風林火山／アネゴ／ごくせん／１リットルの涙／薔薇のない花屋／ぐるナイ／天才！志村どうぶつ園／ザ！鉄腕DASH！！／未来創造堂／学校へ行こう！／世界ふしぎ発見！／世界遺産／HEY×3／クイズ！ヘキサゴン／ハモネプ／SMAP×SMAP／Music Station／くりぃむナントカ／MUSIC JAPAN／とんねるずのみなさんのおかげでした／NEWS ZERO／めざましテレビ／24時間テレビ／世界がもし100人の村だったら

【パソコン・携帯電話のお気に入り】

YouTube／ニコニコ動画／YAHOO！／Google／MSN／mixi／乗り換え案内／光触媒／アルク／音楽倉庫／ギターのコード表／最終面接前に彼女にフラレても内定をもらえた理由／僕と私の就職活動日記／たった90日で就職活動を終わらせる方法／就職活動ベストブログランキング

> 昔のドラマでも、バラエティ番組でも、特別番組でもよい。

> パソコンなどの「お気に入り」を記入しよう。

> どのような発想が面白かったのかを分析すると興味がわかるかも。

発見シート

あなたはキャリアカウンセラーです。この人の強み（価値観）に関するワードを分析してみましょう。

注目	好きな理由・動機・キッカケ	発見
ザ！鉄腕DASH！！	特にDASH村が好きです。村のある場所がおばあちゃんの家の近くなので見に行ったことがあり、親近感を抱いてます。また、自分達の力だけで生活をするというおもしろい発想も好きです。昔の人の知恵もよくわかります。	野次馬 昔の人の知恵を尊敬
YouTube	面白い動画などを、自分の好きな時間に見ることができるのが嬉しいです。今では、研究の息抜きになっています。また、世の中にはたくさんこういったサイトに投稿する人がいるのだと驚きました。	好奇心がある 時間の有効活用

> 好きな番組、パソコンのお気に入りから1つずつ選ぼう。

> 好きな理由やきっかけを見ながら、自分の感じたこと、強みになりそうなことを記入しよう。

【就活生へのメッセージ】どんな人でも 好きでない 仕事をしていて うまくいった人は どこにもいない

Q あなたの好きな番組、お気に入りサイトはありますか？

【好きな番組】

【パソコン・携帯電話のお気に入り】

発見シート

あなたはキャリアカウンセラーです。この人の強み（価値観）に関するワードを分析してみましょう。

注目	好きな理由・動機・キッカケ	発見

自己分析 4 あなたは表彰されたことがありますか？資格を取得していますか？

趣味・資格

どんな賞や資格でもかまわないので記入しましょう。表彰されると嬉しいのは、人から認められたからです。自分が大したことがないと思っていても、人から認められることはとても立派なことです。

【小学生】
書道で金賞／かけっこ女子クラス1位
卒業アルバムの「笑顔が素敵な人ランキング」1位

> 今まで1位になったことを考えてみよう。
> アンケート結果も参考になる。

【中学生】
英検3級／漢検3級
皆勤賞／マラソン大会学年3位／植物にやさしいで賞

> 大した資格と思っていなくても、とりあえず書いてみる。

【高校生】
英検2級
皆勤賞／物理のテストで学年1位／学校案内のパンフレットに掲載された／美術の工作が校内に展示された／
卒業式で努力賞に選ばれた／学年代表の奨学生に選ばれた／全日本合唱コンクールで県大会金賞受賞

> 学校のイベントや成績、学校の代表に選ばれた経験でもよい。

【大学生】
自転車運転免許／TOEIC600点
学会で奨励賞受賞／学校案内のパンフレットに掲載された／研究室で皆勤賞

発見シート

あなたはキャリアカウンセラーです。この人の強み（価値観）に関するワードを分析しましょう。

模範的／努力家／丈夫／素敵な笑顔／歌がうまい／まじめ／環境にやさしい

【就活生へのメッセージ】目の前のことに 一生懸命に 頑張っている人こそ 夢を語る 資格がある

Q あなたは表彰されたことがありますか？　資格を取得していますか？

【小学生】

【中学生】

【高校生】

【大学生】

発見シート
あなたはキャリアカウンセラーです。この人の強み（価値観）に関するワードを分析しましょう。

自己分析

5 あなたがどうしてもやめられないことはありますか？

趣味・自己PR

どうしてもやめられないことを記入しましょう。誰かに「やめなさい」と言われても、本当に自分のしたいことはなかなかやめられません。例えば勉強に集中できずに、つい違うことをしてしまうことがありますが、もしかしたらそれがあなたの本当にしたいことなのかもしれません。なぜ、そうしてしまうのか考えてみましょう。

やめられないこと	理由（なぜやめられないのか、どのように行動していたのか）
歌を歌うこと・聴くこと	中学時代はギター部、高校時代は合唱部に所属し、ずっと音楽に関わってきました。みんなで意見を交換し合いながら、1つの音楽を作り上げていく過程が好きで、今でも友人とアカペラを行っています。自分達で曲を聴いてハーモニーを作ることもしているので、音楽を聴くことも今まで以上に好きになりました。他のことをしている時でも、音楽を聴くと集中力が高まることがあります。今では、どんな曲を聴いても、自分でハモリのパートを歌えるようになりました。
絵を描くこと	授業中、ノートによく落書きをしていました。以前から物語を考えることが好きで、そのストーリーを自分の絵で表現することがストレス発散になっているのかもしれません。そのためかパワーポイントの作成も好きです。研究室の発表資料はパワーポイントを使って作成していますが、資料作成に時間がない時でもアニメーションをつけたくなってしまいます。おかげでパワーポイントの作成には相当慣れ、アルバイトでもポスターの作成などを任されるようになりました。
ドライブ	音楽を聴きながら遠くまで行くと気晴らしになるからです。勉強に疲れたら、近場にドライブに行きます。私にとって車の中は、一人で好きなことができる空間だからです。車の中で、大声で歌うことが一番の気晴らしです。自然が大好きなので、山や海へ出かける時のドライブが一番好きです。また、車の運転を始めてから、2つのことを同時にする能力が高くなった気がします。その能力は何かに役立つかもしれません。

※毎日していること、自分のクセなどを考えてみよう。

※人に頼まれるぐらいのレベルであれば「特技」なのかもしれない。

発見シート

あなたはキャリアカウンセラーです。この人の強み（価値観）に関するワードを分析しましょう。

> みんなで作り上げる／好きなことはとことんやる／考えるのが好き／パワーポイントが得意／気晴らしが得意

【就活生へのメッセージ】他人が 認めるかどうかは 別問題 好きかどうかが 重要なんだ

Q あなたがどうしてもやめられないことはありますか？

やめられないこと	理由（なぜやめられないのか、どのように行動していたのか）

> 🔴 **発見シート**

あなたはキャリアカウンセラーです。この人の強み（価値観）に関するワードを分析しましょう。

自己分析 6

あなたは過去に戻れるとしたら、いつに戻りたいですか？

失敗・志望動機

過去に戻れるとしたら、いつに戻りたいのか記入しましょう。戻りたい理由としては、もう一度やり直したい「後悔」か、もう一度味わいたい「希望」の2つがあるでしょう。希望があるのならこれからも味わえるように行動し、後悔しているなら二度としないように反省して今後に活かしましょう。何も思い浮かばなければ、今まで一番恥ずかしかった経験、最大の失敗を考えてみるといいでしょう。

> 後悔している場合はなぜ後悔しているのか、今ならどうするのか考えてみよう。

大学2年生。
2年生の時は学生生活の中で一番授業が少なく、時間がたくさんあったにもかかわらず、特に何もせず無駄な時間を過ごしてしまい、後悔しています。もし戻ることができたら、その無駄な時間を有意義な時間だったと言えるくらい使いたいです。まず、アルバイトをもっとすればよかったです。そのバイト代を資金に、例えば海外旅行やホームステイに行っていろいろな経験をしたり、英会話教室に通ったりして、英語で日常会話ができるようになりたいです。

また、習い事もたくさんして趣味と呼べるものをもっとつくってみたかったです。例えば、私は音楽が好きなので、ドラム教室に通えばよかったと思います。そうすれば、趣味も一つ増え、社会人になってからも続けることができ、もしかしたら会社の方とバンドを組めて、人づきあいの幅も広がったかもしれません。今、習いたいと思っても金銭的に厳しいので、あのときアルバイトをもっとたくさんしなかったことが一番後悔していることです。今すぐにでも戻ってやり直したいです。

> もしかすると、やり直したいことが今後やりたいことなのかもしれない。

発見シート

あなたはキャリアカウンセラーです。この人の将来に関するワードを分析しましょう。

時間を有効に使いたい／語学を学びたい／趣味をたくさんつくりたい／たくさんの人と交流したい

【就活生へのメッセージ】変えられないことを考えるよりも変えられるものから考えよう 今できることは何？

Q あなたは過去に戻れるとしたら、いつに戻りたいですか？

発見シート
あなたはキャリアカウンセラーです。この人の将来に関するワードを分析しましょう。

第2章 自己分析シート

自己分析 7 あなたは尊敬する人がいますか？

志望動機・将来

尊敬している人（憧れている人、素敵だと思う人）を3人記入しましょう。尊敬しているのは、その人のようになりたいと思っているからこそです。あなたが将来したいことを既に実現している人かもしれません。なぜ憧れているのか、どこが素敵なのか理由を考えてみましょう。

尊敬する人	理由（なぜ憧れているのか、どこが素敵なのか）
お母さん	仕事をしているにもかかわらず、誰よりも早く起き、全員のご飯・お弁当を作ってくれます。また、洗濯・掃除も行い、帰宅後、夕食の支度もしてくれます。それでもショッピングや映画を一緒に見に行くなど、家族サービスも忘れないところをとても尊敬しています。私も結婚しても働き続けたいと思っています。そして、仕事でいっぱいいっぱいにならず、家族のために、仕事もプライベートも頑張れるお母さんのようになりたいと、いつも思っています。
向井千秋さん	宇宙に行くという夢を実現させたからです。私もいつかは宇宙に行きたいと思っていますが、「そんなの無理に決まっている…」という気持ちをなくすことができません。しかし、向井さんは、その夢を実現しています。女性なのに、厳しいであろう訓練に耐え、英語もロシア語も日常会話程度まで話せるように相当な努力をしたのだと思います。不可能に近い夢であるとしても、性別や人種に関係なく、自分の努力と気持ち次第で、実現させることができることを教えてくれたので、とても憧れています。
古池先輩	私の憧れで、なりたいと思う人間そのものです。なぜなら、やると決めたことがあれば、寝る間も惜しんで最後までとことんやり通すからです。そして、どんなに忙しくても、頼まれたことを断りません。自分の考えを持ち、それを的確に発言することができます。また、人にアドバイスすることも上手で、研究室の後輩や先輩にも的確な研究のコメントをしています。そして、どんな人からも頼りにされて、先生からも一目置かれています。きっと、社会人になっても、みんなを引っ張っていくリーダーになれると思います。

> 尊敬する人と自分との違いを考えてみてもいい。

> 友達、歴史上の人物、漫画のキャラクターなどでも OK。

発見シート

あなたはキャリアカウンセラーです。この人の将来に関するワードを分析しましょう。

> 仕事と家庭を両立／人とは違う／夢を実現／自分の考えを発言できる／アドバイスが上手／頼りにされる

【就活生へのメッセージ】できる人とは できるまで 諦めない 自分のできる限りを 全力で尽くす人

Q あなたは尊敬する人がいますか？

尊敬する人	理由（なぜ憧れているのか、どこが素敵なのか）

発見シート

あなたはキャリアカウンセラーです。この人の将来に関するワードを分析しましょう。

自己分析 8

あなたは親のようになりたいですか？

志望動機・将来

10年後、20年後に自分がどうなっているかはなかなかイメージしにくいものです。しかし、身近な親に当てはめれば考えやすいでしょう。親を分析することによって、あなたの将来の姿を想像しやすくなります。親とは、自分の年齢の分だけ将来を体験している存在なのです。親の良い点、悪い点を記入してみましょう。

【良い点】
父…25年以上もずっと同じ会社に勤務し続けているところ。中高と私立なうえに、大学院にまで通わせてくれています。何不自由なく育ててくれたのでとても感謝しています。
母…家事も怠ることなく、パートだけど一度も休まず出勤しているところ。土曜日に出勤することもあり、どんなに忙しくても私の話を必ず聞いてくれます。また、一緒に買い物や映画など私の趣味にも付き合ってくれます。

> あなたは逆のことをしよう。

【悪い点】
父…風邪を引くとすぐに会社を休んでしまうところ。また、休日はほとんど家にいます。もっと、趣味を見つけてほしいです。家にいても母を手伝わないところも直してほしいです。
母…「こんなに働いても自分へ遣うお金がない」などと、時々言うところ。「私のせいなのか…」と気にしてしまいます。

【親のようになりたいですか？】
両親のようになりたいです。私も仕事に誇りを持ち、生涯ずっと同じ会社に勤務し続けたいです。そして、子どもも大学まで通わせてあげたい。また、働きながら、母のように家族のためのサービスに手を抜かないようにしたい。休日には外出し、たくさん趣味を見つけ、やりたいことにもどんどんチャレンジして、人生をもっと楽しみたいと思います。

> 親の良い点、悪い点を見ながら、見習いたいところや自分ならどんな親になるか考えてみよう。

発見シート

あなたはキャリアカウンセラーです。この人の将来に関するワードを分析しましょう。

仕事と家庭の両立／1つの会社で働き続ける／話を聞いてくれる／たくさんの趣味／休日は外出する

【就活生へのメッセージ】 大丈夫 人は変われる いつだって 変われる 自分さえ望めば

Q あなたは親のようになりたいですか？

【良い点】

【悪い点】

【親のようになりたいですか？】

🔴 発見シート
あなたはキャリアカウンセラーです。この人の将来に関するワードを分析しましょう。

自己分析 9

あなたが亡くなった時、周りからどんな人だったと言われていますか？

性格・志望動機

誰だっていつ亡くなるのかはわかりません。もし、あなたが亡くなった時、どんな人だと言われたいでしょうか？ もちろん、ハッピーエンドを望むでしょうが、それにふさわしい行動をしているでしょうか？ もし、行動していなければ今すぐにでも実行しましょう。

彼女は本当に、相手から本音を聞き出すのが上手でした。みんなの笑顔を見ることが一番の喜びだと感じていたようです。そして、その時が一番輝いていました。お客さんの喜びが彼女を突き動かしていたように思います。

本当に、この仕事に就いて幸せだったのでしょう。彼女が人材育成に関わるようになってからクレームが減り、感謝の電話や手紙が多く寄せられるようになりました。それだけではありません。どんなに自分の仕事が忙しい時でも、悩みを聞いてくれたし、アドバイスもしてくれました。遊ぶ時にも、決して自分の意見を押しつけないで、みんながやりたいことに文句も言わず付き合ってくれました。

そして、いつでも笑顔、いつでも感謝の気持ちを持っている、本当に人として尊敬できる方でした。生まれ変わっても、また友達になりたいです。

> 友達、親などその人になったつもりで記入しよう。どのように自分はほめられたいのかを考えてみるのもよい。

発見シート

あなたはキャリアカウンセラーです。この人の将来に関するワードを分析しましょう。

聞き上手／人の笑顔を見るのが好き／気を遣える／いつでも感謝の気持ちを持っている／いつでも笑顔

【就活生へのメッセージ】思い出は 逃げるためでも 浸るものでもない あなたを前に 進ませるためのもの

Q あなたが亡くなった時、周りからどんな人だったと言われていますか？

> 発見シート

あなたはキャリアカウンセラーです。この人の将来に関するワードを分析しましょう。

第2章 自己分析シート

自己分析

10 あなたが何でも実現できるとしたら、仕事で何をしますか？

志望動機

何か始めようとする際に怖いのが、「失敗」です。失敗を恐れるあまり、行動できないことだってあります。しかし、諦めたら「失敗」でも、諦めずに続ければいつかは「成功」になるかもしれません。もしも、あなたが「天才」で絶対に失敗しないとしたら、何をしたいでしょう？ 今まで諦めてしまっていたことでもかまいません。現在の自分を気にせずに考えてみましょう。

- 人事部ですべての学生が受けたくなる採用プランを企画する。
- 環境に優しい新エネルギーの開発をする。
- 教師になって、子ども達に理系の楽しさを伝える。
- 図書室のような学生専用車両を作る。
- 公害や環境への取り組みを行う。
- たくさんのお客さんと直接関わる仕事をする。
- 原子力発電の安全性と重要性を訴える。
- セールスエンジニアとして企業とお客様を繋いでいく。
- 笑顔の素晴らしさを伝える。

発見シート

あなたはキャリアカウンセラーです。この人の将来に関するワードを分析しましょう。

注目	理由（なぜしたいのか）	発見
たくさんのお客さんと直接関わる仕事をする。	接客のアルバイトをしていて、自分とはまったく違ういろいろな人達と出会えるのが楽しいから。毎日、違う1日を送りたいと思っているので、そのためには毎日違う人と出会える仕事に就きたいと思っています。また、自分が笑顔でいるのも、人の笑顔を見るのも好きです。自分のしたことで人の笑顔が見られることが一番の幸せです。	人の笑顔が好き。人と接する仕事がしたい。
セールスエンジニアとして企業とお客様を繋いでいく。	学生時代、自分一人で実験をするだけではなく、多くの人の意見を聞くことで、どんな方向に研究を進めればいいのか参考になることを学びました。そこで企業の技術も理解した上で伝え、どんな技術が望まれているのかを自分の目で確かめたいです。	疑問やニーズを聞ける営業になりたい。

（やりたい仕事を2つ選ぼう。）

（理由を見ながら、自分が感じたこと、どんな仕事を具体的にやりたいのかを記入しよう。）

Q あなたが何でも実現できるとしたら、仕事で何をしますか？

発見シート

あなたはキャリアカウンセラーです。この人の将来に関するワードを分析しましょう。

注目	理由（なぜしたいのか）	発見

自己分析 11 死ぬまでにしたいことはありますか？

志望動機・仕事・企業選び

お金、仕事、家族、知識、健康などについて死ぬまでにしたいことを挙げましょう。できることなら充実した人生を送りたいでしょう。そのためには「目標」をつくることが大切です。そこで何がしたいのか、何をこれからしなければいけないのかを明確にしましょう。「明日、死ぬとしたら何をしていないと後悔するのか」「宝くじが当たったらどうするのか」等を考えてみると思い浮かべやすいでしょう。

> 具体的に金額を書くと目標がわかりやすい。

自分がしたいこと	自分がしたい・できない理由	これからすること
マイカーを買う(高級国産車)	高級車でドライブしたいから。しかし、高くて買えない。	お金を貯める(1500万円)。給料の良い会社に就職する。
英語がペラペラになる	海外に行ってたくさんの人と会話したいから。	英会話教室に通う。ホームステイする。
子どもがほしい	子どもが好きで、お母さんになりたいから。独身なので無理。	結婚する。産休がしっかりした会社に就職する。
結婚する	子どもがほしいから。まだ働きたいので無理。	若いうちはバリバリ働く。女性に理解のある会社に就職する。
スタイルを維持する	将来、綺麗なママと呼ばれたいから。	エステに月1回通う。腹筋・腕立て伏せ等、運動する。
旅行にたくさん行く	お金がない。しかし就職したら長期間の休みがないかも。	普段は忙しくても長期の休みが取れる会社に勤める。
本を好きになる	活字が苦手で知識不足と感じるから。	小説を読む(1週間に1冊)。
自分でデザインした家に住む	家を買えるお金がない。どんな家に住みたいかビジョンがまだない。	家のデザインを考える。お金を貯める(1億円)。
スキューバダイビング	自然と触れ合いたいから。免許がないので無理。	ダイビング免許を取得する。
スカイダイビング	最高のスリルを味わいたい。どこでできるのかわからない。	申し込み方法を調べ、万が一死んでもいいほど充実した生活を送る。
命・自然の大切さを伝える	暗いニュースばかり聞くので。	自分が環境改善に貢献できるようボランティアに参加する。
芸能人と友達になる	出会いがないので無理。	イベントやセミナーに参加して人脈をつくる。
たくさんの人の笑顔をつくりたい	笑顔でいることが幸せで、笑顔を見るのも好きなので。	笑顔を研究し、笑顔をつくるセミナーを開く。
部屋の模様替えをする	統一感のある部屋にしたいから。すべてを買い換えるお金がない。	統一感のある家具を買う。

> ノルマを決めるのもいい。

> 「〜する」のように宣言する。

【就活生へのメッセージ】 成功の反対は 何もしないこと 偶然だって 行動しなければ 起こらない

さらにこれからしなければならないことを明確にするために、左の「これからすること」を書きましょう。課題を明確にするために、いつまでにするのか（期限）、自分に対するノルマ（課題）を加えて記入するとよいでしょう。後は今の自分が何を優先すればいいかプライオリティを決めておくことです。左図表の答えを「お金」「仕事」「家族」「知識（経験）」「健康」の５つのテーマに分類するとわかりやすくなります。「〜したい」のように願望を書くのではなく、実現するように「〜する」と宣言しましょう。

これから私が実行することは…

【お金】
２億円ぐらいお金を貯める

【仕事】
給料の良い会社に就職する／産休がしっかりした会社に就職する／女性に理解のある会社に就職する／若いうち（30歳まで）はバリバリ働く／普段は忙しくても長期の休みが取れる会社に勤める／笑顔をつくるセミナーを開く

【家族】
30歳までに結婚する

【知識（経験）】
週１回英会話教室に通う／学生時代に１回はホームステイする／小説を読む（１週間に１冊）／家のデザインを考える／ダイビング免許を取得する／イベントやセミナーに参加して人脈をつくる／スカイダイビングの申し込み方法を調べ、万が一死んでもいいほど充実した生活を送る／統一感のある家具を買う／環境改善に貢献できるようボランティアに参加する

【健康】
エステに月１回通う／毎日腹筋を20回、腕立て伏せ20回する

発見シート

あなたはキャリアカウンセラーです。この人の将来（仕事）に関するワードを分析しましょう。

給料の良い会社に就職／職場復帰しやすい会社に就職する／若いうちにバリバリ働く／しっかり休みの取れる会社に勤める／たくさんの人と出会える仕事がしたい／笑顔をつくるセミナーを開く

Q 死ぬまでにしたいことはありますか？

自分がしたいこと	自分がしたい・できない理由	これからすること

これから私が実行することは…

【お金】

【仕事】

【家族】

【知識（経験）】

【健康】

発見シート

あなたはキャリアカウンセラーです。この人の将来（仕事）に関するワードを分析しましょう。

自己分析 12

なぜ、あなたはゼミに入ったのでしょうか？

得意科目・自己PR

ゼミについて記入しましょう。大学に入学するときは何かに興味があって現在の学部に入り、さらに興味のある分野にひかれてゼミを選択しているはずです。もしかすると、ゼミの分野が自分の仕事につながるかもしれません。

> ゼミに所属していない人は好きな授業を考え、なぜ好きなのか考えよう。

最先端の技術であるナノテクノロジーに興味があったからです。また、教授が会社を経営しており、学生以外の方とも接することができると思ったからです。さらに、私がいた学科では、磁性や機械工学・情報処理に関する研究室が主だったので、医療と環境を扱っている研究室が人気でした。私もその2つで迷いましたが、医療関係のことを学ぶのなら医者になったほうが良いと思ったことに加え、環境に関するテーマなど実用化を目指して研究を行っていたので、それが決め手となりました。

> なぜ興味があったのかなど、教授、ゼミの専門分野について考えながら書こう。

ゼミ名	ゼミ行事・ゼミ内容・ゼミ役職
白鳥研究室	輪講、検討会、展示会、夏合宿、ソフトボール大会。英語の論文を読み発表する輪講と、自分の研究成果を発表する検討会を週に1回ずつ行っています。学会で発表、展示会で研究結果について説明しています。毎月の輪講・検討会の発表者を決める係に就いています。先生とスケジュールを調整し、その日の部屋を確保し、毎月1人2回発表するように、発表者を振り分け、メールで情報を流しています。
困難だったこと	**困難だったことに対して工夫したこと、学んだこと、貢献したこと（実績）**
人前で発表すること。	事前に原稿をつくるなどして練習を行い、月に2回発表していたら、だんだん発表・発言にも慣れてきました。
学会や展示会に参加し、初対面の人に自分の研究を説明すること。	知らない人に聞いてもらうからこそ、違った視点での意見や質問をもらえて参考になりました。そして、たとえ分野が違っても、いろいろな人に意見を聞くことの重要性を学びました。
輪講・検討会の日程は変更されることが多く、その度に発表者や部屋の確保を行い、変更メールを送っていたこと。	変更メールを送ったのに、メールを見ていなかった人もいて、混乱が生じてしまいました。そこでメールを送るだけではなく、口頭でも伝えるようにしたところ、混乱もなくなり、最後まで確認することの大切さを学びました。

> ゼミの研究内容、授業方式、役職、行事などを説明しよう。

発見シート

あなたはキャリアカウンセラーです。この人の強み（価値観）に関するワードを分析しましょう。

> 環境問題に関心がある／準備を怠らない／調整できる／意見を聞く／確認を怠らない

Q なぜ、あなたは今のゼミに入ったのでしょうか？

ゼミ名	ゼミ行事・ゼミ内容・ゼミ役職
困難だったこと	**困難だったことに対して工夫したこと、学んだこと、貢献したこと（実績）**

発見シート

あなたはキャリアカウンセラーです。この人の強み（価値観）に関するワードを分析しましょう。

自己分析 13 サークル（部活動・学生団体・ボランティア）で何をしましたか？ 自己PR

「石の上にも３年」ということわざがあるように、もしも３年間サークル（部活動、学生団体）で活動していたら、何かしら身についているはずです。「自己PRでサークルの話はダメ」という話をよく聞きますが、それは魅力を伝えきれない場合の話です。一生懸命サークルを頑張ってきたのなら自信を持ってアピールしましょう。

サークル名・期間	サークル行事・サークル内容・サークル役職
テニスサークル（３年間）	新入生歓迎会、サークル対抗練習試合、夏合宿。役職なし。週に１回、決めた曜日の練習に参加していました。練習後はみんなで近くのお店に行き、お茶会をしていました。また、新歓や夏合宿にも参加しました。試合の応援に行ってボールを拾い、練習試合に参加しました。
困難だったこと	**困難だったことに対して工夫したこと、学んだこと、貢献したこと（実績）**
大学ではじめてテニスを始めたので、ボールを打ち合えるようになるまでが大変だった。	授業などの関係で週に１回しか練習に参加できなかったので上達するのが難しかったです。夏休みにはテニスのうまい友人を誘い、一緒にテニスをして、試合をたくさん行うことで、コツを少しずつ覚えました。決めた曜日の練習には毎回参加し、皆勤賞をもらえました。
ボール拾いがつまらなかったこと。	拾ったボールの数が１番多い人がジュースを奢ってもらえるという提案をし、片付け時間の短縮を目指しました。その結果、サークルのみんなで、ボール拾いを早く行えるようになり、練習時間が増えました。
参加していた曜日の人数が少なく、他のサークルメンバーとなかなか会えなかったこと。	飲み会などがあれば積極的に参加し、なるべく練習日が違う人の近くに行き、話すようにしていました。今では飲み会を突然思いついたときでも、すぐに集まるぐらいの仲です。

> つまらなかったこと、嫌だったこと、悔しかったこと、不満だったことなどを考えると思い浮かべやすい。

発見シート

あなたはキャリアカウンセラーです。この人の強み（価値観）に関するワードを分析しましょう。

> 何事も楽しむ／努力を惜しまない／企画力がある／人と話すのが好き

【就活生へのメッセージ】迷ったら挑戦しよう そうすれば 後悔なんて 絶対にしないから

Q サークル（部活動・学生団体・ボランティア）で何をしましたか？

サークル名・期間	サークル行事・サークル内容・サークル役職
困難だったこと	困難だったことに対して工夫したこと、学んだこと、貢献したこと（実績）

発見シート

あなたはキャリアカウンセラーです。この人の強み（価値観）に関するワードを分析しましょう。

第2章　自己分析シート

自己分析 14 アルバイトをしたことがありますか？

自己PR

短期、長期にかかわらずアルバイトについて記入しましょう。アルバイト経験は、どのように働くのかイメージしやすいものです。アルバイト先の社員の方やお客様など、年代の違った方と話すことによって、たくさんのことを学んでいるはずです。期間は関係なく、どれだけ真剣に働いていたかが大切なのです。

> インターンシップでもよい。

アルバイト内容・期間	業務内容
スポーツクラブの受付（3年間）	パソコンへの入力作業。入会案内を行うなどの接客。 新規入会者のためのパンフレット作り。 社員の人に頼まれた仕事をこなす。
困難だったこと	**困難に対して工夫したこと、学んだこと、貢献したこと（実績）**
いろいろなお客様がいて、無理な注文をする方もたくさんいた。	できる範囲でお客様の要望に応えることにしています。どうしても無理な場合は、できない理由を納得していただけるまで30分でも1時間でも説明します。クレームを言えば、スッキリする方も多いようなので、最初はとにかく話を聞くことを心がけています。それでもダメな場合は支配人に詳しく伝え、対処していただきます。その時の対応を見て、次回、同じクレームが来た場合の参考にしています。また、よく来られる会員の方には、天気の話など自分から話しかけることで、今では名前で呼ばれるほど仲良くなった人もいます。
接客しながら、パソコンへの入力もするなど同時に進行する仕事が多く、手際よく入力作業を終わらせることが大変。	接客の時間が一番大事。コピーの仕方や、パソコンのタイピング速度、手紙作成の自分なりの流れをつくり、事務作業が誰よりも速くできるようになりました。そのおかげで余裕を持って、お客様の話を聞けるようになりました。
苦手な会員の方と話すこと。	ゼミの研究だけの生活では出会えない年代・経歴の人と会うことができ、世の中には本当にいろんな人がいるのだなということを改めて実感しました。その中には、苦手な会員さんもいるのですが、笑顔で冗談を言って回避していました。

> エピソードがたくさんあるほど頑張っている証拠。強みになりやすい。

発見シート

あなたはキャリアカウンセラーです。この人の強み（価値観）に関するワードを分析しましょう。

> 接客が好き／人の話を聞ける／事務作業が速い／作業の効率化が好き／常に笑顔でいたい

【就活生へのメッセージ】真剣になっても 深刻にはならない そんな時があったら リラックス リラックス

Q アルバイトをしたことがありますか？

アルバイト内容・期間	業務内容
困難だったこと	困難に対して工夫したこと、学んだこと、貢献したこと（実績）

発見シート

あなたはキャリアカウンセラーです。この人の強み（価値観）に関するワードを分析しましょう。

第2章 自己分析シート | 51

自己分析 15 あなたに子どもがいたら大学へ行かせたいですか？

自己PR・学生時代

あなたが充実した大学生活を送ったのであれば、自分の子どもも大学へ行かせたいはずです。なぜ、大学へ行かせたいのか、どうして充実した大学生活だったのかを考えてみましょう。反対に行かせたくないとしたら、なぜでしょうか？　充実していない、もしくは何らかの不満があったに違いありません。その不満を解消するためには、どうすればよかったのかを考えてみましょう。

自分の子どもを大学に行かせたいです。
高校の時は成績が一番でしたが、大学に入学して世の中には自分よりもはるかに考え、物事を知っている人間がいることがわかりました。大学で知り合ったそのような人達と話すことで、成長できたと思います。また、高校よりも多くの人と出会うことができました。

> たくさんの人に出会うのは当たり前なので、どんな人に会ったのか、どんな刺激を受けたのか具体的に書こう。

自分で授業を選び、教科書を買うなど、人にやってもらうのではなく、自分で行動することの大切さや大変さがわかりました。もっと多くのサークルに入っていれば、さらに多くの人と出会うチャンスがあり、もっと充実した大学生活を送れたかなと後悔も残っています。サークルには最初に流されて入るのではなく、本当に自分の入りたいサークルを見つけて入ってほしいです。
ただし、大学に行くか行かないか、自分の将来は自分で決められる子どもになってほしいです。

> 大学のレベルなど大学自体について語るのではなく、大学生活を振り返りながら書こう。

発見シート

あなたはキャリアカウンセラーです。この人の強み（価値観）に関するワードを分析しましょう。

自分で行動する／自分で決める／たくさんの人と出会う

【就活生へのメッセージ】また増やせばいい 失ったものを 数えるより 残されたものに 感謝しよう！

Q あなたに子どもがいたら大学へ行かせたいですか？

発見シート
あなたはキャリアカウンセラーです。この人の強み（価値観）に関するワードを分析しましょう。

自己分析 16 学生時代、一番忙しかった時はいつですか？その時、何をしていましたか？

自己PR・学生時代

一番忙しかった時は、すなわち一生懸命頑張っていた時といってもよいでしょう。忙しいからこそ、人は頑張るものです。そのため、実力以上のものを発揮することがあります。なぜなら、忙しい時は、「いかにして楽をするか」「いかにして時間をつくるか」と必死に考えて行動するからです。一番忙しい時期に何をしていたのか記入しましょう。

> 学年、季節の順番で書こう。

大学3年生の春。

平日は、1～5限まで授業が詰まっていました。それに加えて、宿題が毎週出る授業が週に2回あり、そのための補習も5限が終わった後に週に2回行われていました。さらに専攻以外の授業で企業経営について学ぶ授業を履修していたため、授業の一環として学園祭への出店の準備もしていました。そこでは、既存店（飲食店）との差別化を図るために調査や企画会議を繰り返しました。結果、性格診断のお店をやることになり、私は店内の内装担当として部屋のレイアウトを任されました。
そこで、実際のお店の雰囲気や内装を調べるために、授業後に占いの館などに出向いたり、お店を装飾する材料を手配しました。さらに土曜日には実験、日曜日はアルバイトがあり休日もありませんでした。
ともかく、授業の合間や寝る間を惜しんで宿題・課題を行っていました。立ったままでもできそうな課題や、たまったメールの返信などは、長い通学時間中に済ませるように工夫していました。そのおかげで友達と遊んだり、自分の趣味に費やす時間も確保することができていました。

> 一番お金をかけたことや時間を費やしたことを考えてみてもよい。

発見シート

あなたはキャリアカウンセラーです。この人の強み（価値観）に関するワードを分析しましょう。

効率を上げる／中途半端にしない／勉強とアルバイトの両立／手を抜かない

Q 学生時代、一番忙しかった時はいつですか？その時、何をしていましたか？

発見シート
あなたはキャリアカウンセラーです。この人の強み（価値観）に関するワードを分析しましょう。

自己分析 17 あなたが考えるダメな人間とはどういう人ですか？

性格・自己PR・長所

あなたがダメだと思う人間はどういう人か、「○○な人」という形で記入しましょう。そして、その人の特徴をひっくり返してみましょう。あなたがダメだと思っているということは、あなたはしていないということになります。例えば、人に暴力を振るうことが悪いと思っていれば、人に暴力は振るわないはずです。ダメな点をひっくり返すと、「あなた」になるのです。

> あなたがされて嫌なことを考えると思い浮かびやすい。

```
約束を守らない人／すぐに投げ出す人／人の話を聞かない人

無趣味な人／愛想が悪い人／マナーが悪い人／自己中心的な人／人の陰口を言う人
```

私は、

```
約束を守り、最後まで諦めず、人の話を聞き、趣味も多く、

愛想・マナーも良く、人のことも考えられ、人の陰口を言わない
```

人です。

> 「約束を守らない人→約束を守る」
> 「すぐに投げ出す→最後まで諦めない」
> 「人の話を聞かない→人の話を聞く」
> のように正反対にしてみよう。

発見シート

あなたはキャリアカウンセラーです。この人の強み（価値観）に関するワードを分析しましょう。

```
約束を守る／最後まで諦めない／人の話を聞く／趣味も多い／愛想が良い／マナーが良い／人のことも考えられる／人の陰口を言わない
```

【就活生へのメッセージ】何が起きても 笑った分だけ 幸せがある 泣いた分だけ これからがある

Q あなたが考えるダメな人間とはどういう人ですか？

私は、

人です。

発見シート
あなたはキャリアカウンセラーです。この人の強み（価値観）に関するワードを分析しましょう。

自己分析 18 一番嫌いな人、苦手な人と比べて優れている点はありますか？ 性格・自己PR

誰しも、どうしても好きになれない人というのはいるものです。もしいなくても、苦手な人くらいはいるでしょう。その人より自分が勝っているところを記入してみましょう。どうしてもその人に負けたくない意識があるので、自分の良いところが出てくるものです。一番比較しやすい対象を考えることにより、「自分の良さ」を引き出せるのです。

○○より、学校をサボらない。
○○より、自己中心的ではない。
○○より、人の親切を受け入れる。
○○より、他人に任せきりにしない。
○○より、陰口を言わない。
○○より、人の良いところを見る。
○○より、口だけではない。
○○より、自分のことを自慢しない。
○○より、途中で諦めたりしない。
○○より、時間にルーズではない。
○○より、ちゃんと感謝の気持ちを持っている。

> 一人だけでなくてもいい。複数いる場合、その人たちよりも優れている点を書こう。

> 記入後に「○○より」と書いた部分を手で隠してみよう。それが「あなたの強み・価値観」だ。

発見シート

あなたはキャリアカウンセラーです。この人の強み（価値観）に関するワードを分析しましょう。

真面目／人のことも考える／素直／責任感／人の良いところを見る／有言実行／粘り強い／時間を守る／感謝の気持ちを忘れない

【就活生へのメッセージ】諦めるのは簡単 逃げるのもいつでもできる だからこそ 今、頑張らないと

Q 一番嫌いな人、苦手な人と比べて優れている点はありますか？

🔴 **発見シート**
あなたはキャリアカウンセラーです。この人の強み（価値観）に関するワードを分析しましょう。

自己分析 19 あなたには短所がありますか？

性格・長所・短所

短所がない人など存在しません。短所を認識しているかどうかが大切で、なにより長所と表裏一体です。例えば、「消極的」なら「思慮深い」、「頑固」なら「意志が強い」のように言い換えることができます。短所は「長所」に言い換えましょう。あなたがどう思うかで短所にもなり、長所にもなるのです。短所が思いつかなければ、よくある短所から選んで書いてみましょう。

【よくある短所】
陰鬱／内向的／臆病／意地っ張り／頑固／散漫／悲観的／優柔不断／厳しい／自分勝手／視野が狭い／教養がない／協調性がない／消極的／冷淡／覚えが悪い／打たれ弱い／飽きっぽい／無趣味／不真面目／保守的

短所	理由	長所
優柔不断	「どっちでもいいよ」「どこでもいいよ」という返事をしてしまうことが多いです。自分の考えを言った後でも、他の人が言ったことのほうが良いと思ったら、そちらの意見に合わせてしまうこともあります。	どちらの意見もしっかり聞き、どちらの意見にも参加できるため協調性がある。
要領が悪い	たくさんやらないといけないことがあるときでも、一つひとつをパパッと終わらせることができないことがあります。早く作業を始めても、最後まで心配で、結局1週間くらいずるずると作業をしてしまいます。	一つのことにかける時間が長く、すべてを適当には終わらせない。たくさん考えることでより良いものが見えてくることがある。

> 短所をプラスに考えて、長所に変えてみよう。

> 自分で考えられる短所を書いてもいい。

> エントリーシートで短所を書く際は「私は（短所）です。なぜなら（理由）だからです。しかし、（長所）があります」のように長所や改善する姿勢を最後に伝えよう。
> 例）私は優柔不断です。なぜなら、誰かの意見に合せてしまう傾向にあるからです。しかし、意見をしっかり聞くので協調性があります。

発見シート

あなたはキャリアカウンセラーです。この人の強み（価値観）に関するワードを分析しましょう。

粘り強い／協調性／人の良いところを見る／手を抜かない／たくさん考える

【就活生へのメッセージ】悲しみが 人より多いのは 幸せを何よりも 誰よりも 大きく感じるため

Q あなたには短所がありますか？

短所	理由	長所

🟥 発見シート
あなたはキャリアカウンセラーです。この人の強み（価値観）に関するワードを分析しましょう。

自己分析 20 あなたの希望する仕事は何ですか？

志望動機・仕事

企業にアピールする際には、入社してどのように貢献できるかどうかをアピールする必要があります。そのためには仕事について理解し、どのような人が求められているのか考えてください。以下の中から希望する業界・職種を１つ以上選択し、仕事に必要な要素を５つ選んでみましょう。

【業界】

総合商社・専門商社／百貨店・スーパー・コンビニエンスストア・ドラッグストア・家電量販店・紳士服・書店・ディスカウントストア・玩具・ホームセンター／フードサービス・レジャー・アミューズメント・介護サービス・フィットネス・警備／鉄鋼・非鉄金属・化学・ガラス・セメント・タイヤ・ゴム・紙・パルプ・繊維／電気・電子部品・精密機械・工作機械・造船・重機・自動車／化粧品・トイレタリー・食品・飲料・医薬品・アパレル／ソフトウェア・情報サービス・通信・インターネット／銀行・証券・生命保険・損害保険・ノンバンク／石油・電力・ガス／陸運・倉庫・空運・海運・鉄道／ゼネコン・プラント・エンジニアリング・不動産・住宅・住宅設備・建材／通信社・新聞・出版・テレビ・ラジオ・広告／コンサルティング／教育／人材／官公庁・その他団体

【職種】

企画・マーケティング／生産・製造／研究・開発／情報システム／営業・販売／広報／宣伝／サービス／総務／人事／財務・経理／法務／経営企画／教育／事務／制作

【仕事に必要な要素】

忍耐力／継続力／向上心／適応力／規律順守力／問題認識力／情報収集力／企画力／マネジメント力／創造力／文章力／プレゼン力／交渉力／危機管理力／コミュニケーション力／体力／積極性／協調性／責任感／プラス思考／リーダーシップ／人脈／専門知識／サービス精神／度胸

【就活生へのメッセージ】報われない努力はあっても無駄な努力はないから頑張ろう！

> OB訪問の時に「どのような力が必要かどうか」聞いてもよい。

> エネルギー・電気・ガス・化学・石油（研究・開発）
> 　　…コミュニケーション力・専門知識・向上心・責任感・プラス思考
> 鉄道（営業）…コミュニケーション力・責任感・向上心・問題認識力・サービス精神
> 新聞（販売）…体力・コミュニケーション力・企画力・プラス思考・リーダーシップ

> 1つだけではなく、希望する仕事をいくつでも書こう。

Q あなたの希望する仕事は何ですか？

【業界】

【職種】

【仕事に必要な要素】

第2章　自己分析シート　｜　63

自己分析 21 あなたの強みは何ですか？

性格・自己PR・長所

ただ「強みがある」というのは誰でも言えるので、本当かどうかを証明する必要があります。自分で何を考え、行動したのかを説明しないと相手には伝わりません。「私には○○がある。△△なので」のように意識しながら、具体的に何をしてきたのかを書いて「強み」を説明しましょう。仕事に必要な要素を5つ以上選び、できれば大学時代のエピソードで裏付けしましょう。

【仕事に必要な要素】
忍耐力／継続力／向上心／適応力／規律順守力／問題認識力／情報収集力／企画力／マネジメント力／創造力／文章力／プレゼン力／交渉力／危機管理力／コミュニケーション力／体力／積極性／協調性／責任感／プラス思考／リーダーシップ／人脈／専門知識／サービス精神／度胸

強み	理由（できれば大学生時代のエピソードで説明する）
体力	大学の研究室で皆勤賞を受賞しました。どんなに平日の授業が詰まっていても、2日間泊まりこみで実験をした時も、休日のアルバイトを休みませんでした。
向上心	水泳教室の受付では会員の方に積極的に話しかけ、会話中に質問をすることで得た意見をクレーム対応やサービスの向上に活かしています。
サービス精神	電車にお年寄りや体の不自由な方がいた時には、席を譲ってあげる、子供が電車に乗ってきたら、窓際を譲ってあげる、2人で写真を撮り合っている人がいたら、「ご一緒に撮りましょうか？」と声をかけるなど、気配りを忘れないようにしました。
責任感	研究室でみんなの分の夜間居残届を提出する係についていましたが、後輩に引き継ぎました。しかし、その後輩が忘れっぽく、提出していないことが多くありました。私が代わりに提出し、届けがない日がないようにしました。
協調性	幅広い年齢層の方が働くスポーツクラブの受付のアルバイトを4年間続け、年齢にかかわらず、間違えていることは注意し、注意されれば素直に直すことで、世代を越えた信頼関係を築くことができました。
コミュニケーション力	人の話を聞くのが好きです。たとえ相手が誰であっても、話している時は目を見て聞き、途中で話を遮ることはありません。そのためか、よく友達から「話しやすい」と言ってもらえます。どんな人でも良いところがあると信じて話します。
企画力	テニスサークルでは、拾ったボールの数が一番多い人がジュースを奢ってもらえるという企画を提案し、片付け時間の短縮・練習時間の延長に成功しました。

（注記）サークル、アルバイト、ゼミなど別々のエピソードで説明するとよい。

（注記）小学生に説明してもわかるぐらい具体的に書こう。

（注記）ワークシート⓬〜⓰の回答を見ると記入しやすい。

【就活生へのメッセージ】自分が限界だと思ったとしてもその先に限界がある 諦めるのはまだまだ早い

Q あなたの強みは何ですか？

強み	理由（できれば大学生時代のエピソードで説明する）

自己分析 22

3年後の自分から今の自分にメッセージを

志望動機・仕事・将来

今の自分から3年後を想像することは難しいものです。そこで、3年後の自分から自分宛にメッセージを送ることにより、3年後の自分をイメージしてみましょう。具体的にどのような仕事をしているのかをふまえながら、今の自分へメッセージを送ってみましょう。3年後に振り返ると、初心に戻ることができ、とても役立ちます。

> 「今は○○で働いています」のように、自分の希望する職場で働いていることを前提に書き始める。

私へ

今はJR東海・運輸系統で働いています。

これまでに地方で駅係員、車掌、運転士の経験を積みました。本当にあっと言う間でした。実際に運転する時は、多くの人の命を背負っていると思い、さすがに手が震えました。こんなに責任の重い仕事なのだとはじめて実感しました。
接客は好きだけれど、駅ではいろいろなお客様がいるので精神的にきつい時もあります。でも、感謝の言葉を伝えてくれる人もたくさんいます。その言葉を聞くだけでやる気がわいてきます。もっと勉強して、質問されたこと以上に教えてあげられる、また会いたくなるような駅員さんを目指します！
あと少しで東京本社勤務になります。現場での経験をフル活用して、もっともっと安全・快適にJR東海の鉄道を利用してもらいたいな。

今は仕事でいっぱいいっぱいだけど、いつかは仕事以外でも、もっともっと趣味を増やし、やりたいことは我慢しないでチャレンジしたいです。仕事もプライベートも、今以上に充実させてみせます。

3年後の私より

【就活生へのメッセージ】終わったことはしょうがない 気持ちを切り替える 前を向く 次を考える

Q 3年後の自分から今の自分にメッセージを

私へ

3年後の私より

＊企業研究シート（96㌻）で企業研究すると、さらに書きやすくなります。

第2章　自己分析シート | 67

自己分析 23 あなたの今後のキャリアプランは？

志望動機・仕事

キャリアプランを書く際には、必ず「～する」のように断定口調で書きましょう。「～したい」のように書くと、「希望」で終わってしまうからです。宣言することが大切。仕事については「企業の制度」をふまえ、プライベートについては「死ぬまでにやりたいこと」をもとに記入しましょう。

年	仕事	プライベート
現在（20歳）		
	ＪＲ東海に入社　地方へ	ホームステイする
3年後（23歳）		週1回英会話教室に通う
	東京本社へ	奨学金をすべて返済する
5年後（25歳）		
		マイカーを購入する
10年後（30歳）	育児休暇	結婚・出産する
	同じ会社・部署に復帰	英語が話せるようになる
		夫と一緒にマイホームを購入する
20年後（40歳）		スカイダイビングをする
それ以降・・・	笑顔に関するセミナーを開く	

ワークシート⓫の「これからすること」を当てはめよう。

Q あなたの今後のキャリアプランは？

年	仕事	プライベート
現在（　　　歳）		
3年後（　　　歳）		
5年後（　　　歳）		
10年後（　　　歳）		
20年後（　　　歳）		
それ以降・・・		

自己分析 24 あなたは本を出すことになりました。プロフィールはどのように紹介されていますか？ 志望動機

たいてい本の最後のページには著者のプロフィールが紹介されています。もし、あなたが自伝を出版するとしたら、あなたの経歴はどのように紹介されているでしょうか。自分の望み通りの経歴を書くことによって、これからの人生が明確になります。何かの分野のプロにならないと、出版できないので何のプロになるのか意識しながら書きましょう。実際に本のプロフィールを参考にして書くと書きやすいです。

> 最初の出だしは必ず「20●●年、『志望企業名』入社」と書こう。

20●●年、JR東海入社。
運輸系統に配属され、3年間地方で現場職員として勤務後、本社へ。運輸管理・司令部などを経て、20●●年、現場職員の人材育成を行う。年齢にかかわらず指導を行い、多くの人材を送り出した。それ以降、JR東海に対する感謝の電話や手紙が倍増。他の企業からオファーが殺到し、その後、年50回以上人材教育のセミナーを行っている。趣味は鍾乳洞巡りで日本全国を車で飛びまわっている。

> ワークシート㉒㉓や、尊敬する人が出している本のプロフィールを参考にするのもよい。

【就活生へのメッセージ】目標は高く 大きな目標を 掲げた人が 大きなことを 成し遂げる

Q あなたは本を出すことになりました。
プロフィールはどのように紹介されていますか？

自己分析

25 あなたはいつ就職活動を終えますか？

志望動機

就職活動は「就社活動」と言われることがあり、会社に入ることが目的になってしまうことが多々あります。内定は本当にあなたがやりたいことを実現するためにもらうものです。「○年○月までに、○○のため、○○から内定をもらう」という形で、何のために内定をもらうのか、いつ終えるのかを宣言しましょう。そして、何度も就職活動中に眺め、潜在意識に働きかけることにより目標が達成しやすくなります。

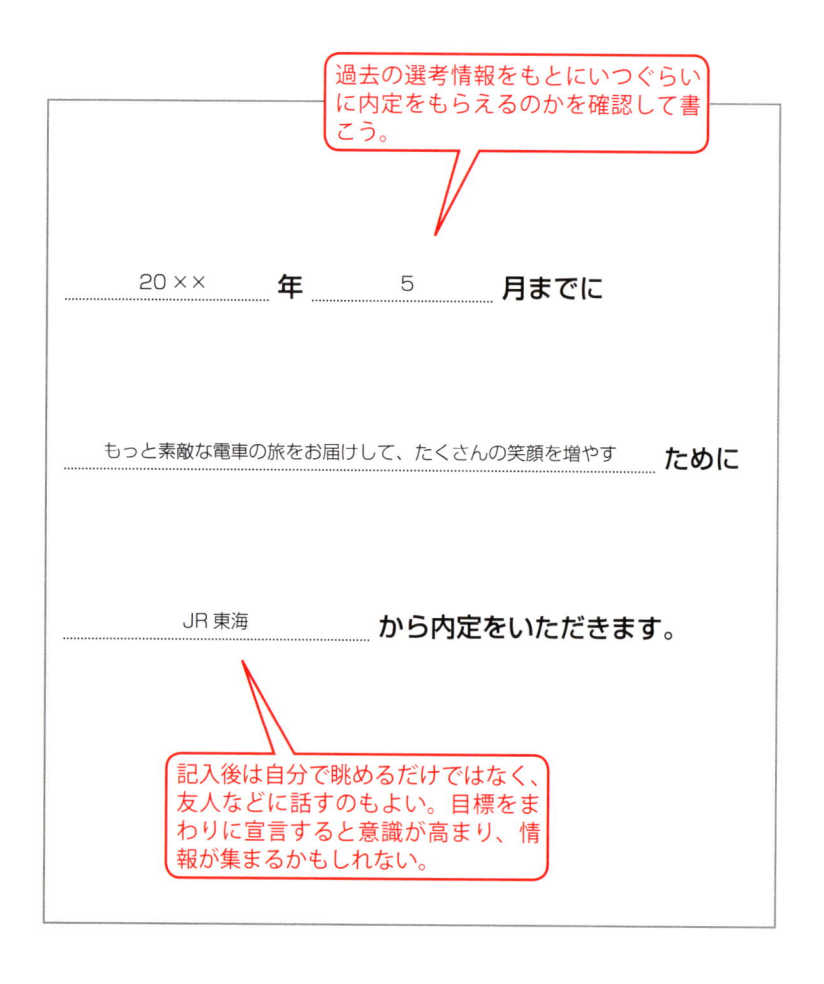

> 過去の選考情報をもとにいつぐらいに内定をもらえるのかを確認して書こう。

20×× **年** 5 **月までに**

もっと素敵な電車の旅をお届けして、たくさんの笑顔を増やす **ために**

JR東海 **から内定をいただきます。**

> 記入後は自分で眺めるだけではなく、友人などに話すのもよい。目標をまわりに宣言すると意識が高まり、情報が集まるかもしれない。

【就活生へのメッセージ】言い訳は100でも言える 1つでも 言わないことが 自分を強くする

Q あなたはいつ就職活動を終えますか？

　　　　　　　　　　　年　　　　　　　　　月までに

　　　　　　　　　　　　　　　　　　　　　　　　　　　　　　　　ために

　　　　　　　　　　　　　　　　から内定をいただきます。

Q & A

Q 就職活動が不安でたまりません。

　就職活動をするのはみんなはじめてのことです。わからないことばかりで不安に思うこともあるかもしれません。でも、不安があるから頑張れる、不安があるからこそ一生懸命になれるものです。安心している人は、それ以上を望みません。「不安」こそが、あなたにエネルギーを与えてくれるのです。あなたは不安の分だけ行動ができ、成長できるのです。まだ、わからない「これから」を不安に思うよりも、今何をすればよいのかを考えてみましょう。努力すれば必ず結果はついてきます。自分を信じましょう。

Q アピールできるエピソードがなくて困るのですが…

　どんな人にもアピールできるものはあります。もしかすると、「サークルを立ち上げたことがある」「学園祭の実行委員会で頑張ってきた」のような変わった経験を探していないでしょうか。まずは、エピソードから探すのではなく、自分の良いところから探しましょう。それから、説明するためのエピソードを探せばいいのです。

　ほとんどの大学生が「サークル」「アルバイト」「ゼミ」など、ありきたりなことをしています。あとはその中でどのように自分が頑張ってきたのかを考えるだけです。言うなればエピソードは何でもいいのです。もしも、あなたが「本当にエピソードがない」と言うなら、これからエピソードをつくればいいだけです。そのことに気づいただけでも、あなたは成長しています。「後悔」を武器に頑張りましょう。

Q 学歴は選考に影響しますか？

　大学名を知ることで、「大学に入るまでの努力」「どんな環境で過ごしてきたのか」などが参考になるかもしれません。だから、学歴が選考に影響がないわけではありません。とはいえ、大学名だけですべてが決まるわけではありません。そのために面接やグループディスカッションのような選考があるのです。大学名よりも、「大学生活で何をしてきたか」が注目されるのです。学歴（過ぎた時間）は変えられません。変えられないものについて考え込んでも、仕方ありません。悩む時間が増えていくだけです。悩んで無駄な時間を過ごすよりも、変えられるものから変えていきましょう。まず、「自分の言動」は変えられるのではないでしょうか。

第3章
他己分析シート

他己分析

26 通信簿の先生のコメントはどんなことが書かれていましたか?

学校の先生は、家族と同じくらいこれまでのあなたの行動を見てくれていたことでしょう。今までもらった通信簿にある先生のコメントは、どのようなことが書かれているでしょうか。「3つ子の魂100まで」ということわざがあるように、小さいころと今とではさほど変わらないものです。通信簿にある先生のコメントを箇条書きで書き出してみましょう。

通信簿の先生のコメント

- 人前ではあまり大きい声で話す方ではありませんが、友達と一緒にニコニコと楽しそうに遊んでいます。頑張り屋さんで、のぼり棒や鉄棒がとても上手にできました。人の話をよく聞いており、文字を書いたり、色を塗ったりすることが素晴らしくよくできました。

- 明るくて笑顔が可愛い、女の子らしいお子さんです。生き物係になり、休み時間には欠かさず花壇に水やりに行きました。また、図工の絵や社会科見学新聞など細かい作業も、集中して最後まで取り組みました。

- いろいろな課題に意欲的に取り組んでおり、自主的に日記を書いているようです。また、相手の話をしっかり聞き、よく考える姿勢が身についてきています。

- 物事に集中して取り組む力がさらについたようです。なすべき課題にはしっかり取り組み、きちんと仕上げます。日記を続けて書き、1日の生活を振り返り、感じたことを素直に表現していました。「学習ノート」をよく提出し、予習・復習・研究など自主的に頑張る力をつけてきています。何事も一生懸命頑張る立派な4年生です。

- 学習態度が真面目で課題や作業を丁寧に行うことができました。また、話を聞く態度も立派で常に的確な発表ができます。自由勉強にも意欲的に取り組み、自ら進んで学習する力が身についてきました。友達とも協力して活動できました。

- どんな課題にも進んで取り組む姿勢には好感が持てます。自由勉強は内容にも工夫が見られました。友達にも穏やかな優しい気持ちで接することができ、学習面・生活面共に申し分ありません。

- 友達に温かく接することができます。また友達の良いところを認め、見習っていこうとする前向きな姿勢も立派です。

> 小学生、中学生、高校生の通信簿のどれでもかまわない。

発見シート

あなたはキャリアカウンセラーです。この人の強み(価値観)に関するワードを分析しましょう。

人の話を聞く/何事もコツコツと続ける/人のことを考える/真面目/意欲的/話をしっかり聞く

通信簿の先生のコメント

発見シート

あなたはキャリアカウンセラーです。この人の強み（価値観）に関するワードを分析しましょう。

他己分析

27 適職診断の結果はどうでしたか？

ほとんどの人が就職活動サイトに登録していることでしょう。就職活動サイトにはいろいろなコンテンツがありますが、その中でもオススメなのが「適職診断」です。質問に答えていくだけで、あなたの強みやあなたの向いている職業などの診断結果が出てきます。時間もかからないので、客観的に自分を見るために一度は診断してみましょう。

【適職診断ができる就職活動サイト】
- ▶学生の就職情報　http://gakusei.enjapan.com/
- ▶学情ナビ　http://www.gakujo.ne.jp/　　▶就活ナビ　http://www.shukatsu.jp/
- ▶日経ナビ http://job.nikkei.co.jp/　　　　▶マイナビ　http://job.mynavi.jp/

適職診断結果

あなたは自分にも他人にも決して嘘をつかない、誠実な人。約束は必ず守り、目標を達成するために力を尽くして頑張るなど、妥協のない性格が周囲から評価されることが多いでしょう。リーダーとしても非常に適性があります。勢いをつけてメンバーの士気を盛り上げるタイプではないものの、メンバーとコミュニケーションをとり、それぞれの適性や心情に気を配りながらサポートする様子は、あなたの信用力を高め、着実に良い結果を出すことにつながるでしょう。

また、あなたにとって何より素晴らしいのは、自分に誇りを持っていること。どんな環境においても揺るがない信念は、あなたらしく過ごすための最大の武器になるでしょう。ただ、困っている人に手を差し伸べずにはいられない反面、解決するために時間や金銭をつぎ込み、自分のキャパシティを超えても他人のために尽くそうとするのは少々心配なところです。あなたの隙につけこむような人は、毅然として断るくらいの勇気を持ちましょう。それが、あなたにとっても相手にとってもプラスになるはずです。

就活ナビ（http://www.shukatsu.jp/）より抜粋

> 診断結果から自分の強みに関する記述を抜き出そう

発見シート

あなたはキャリアカウンセラーです。この人の強み（価値観）に関するワードを分析しましょう。

正直／誠実／目標に向けて頑張る／約束は守る／気を配る

適職診断結果

発見シート

あなたはキャリアカウンセラーです。この人の強み（価値観）に関するワードを分析しましょう。

他己分析

28 ほめてもらったことはありますか？

友達や両親など、自分の親しい人に「ホメゴロシート」を記入してもらい、ほめてもらいましょう。ホメゴロシートをコピーしてたくさんの人に配るのもいいでしょう。集めれば集めるほど自信がつき、落ち込んだ時に見ると励まされます。また、自分で友達に書いて渡してもいいでしょう。「類は友を呼ぶ」というようにほめた人の特徴が自分にも当てはまるかもしれません。必ずすべての枠を埋めましょう。

ホメゴロシート

いつも笑顔で癒される	実験など、何事にもコツコツ一生懸命頑張ることができる	人がやりたくないことでも、文句を言わずにやってくれる
相手の気持ちを汲んでコミュニケーションすることができる	**あなたの素晴らしいところはこんなにたくさんあります**	オシャレ
雰囲気が良くて、話しかけやすい	頼まれたことに対して、すぐに取り組んでくれて、作業が速い	自分の意見を押し付けないで、人を大事にしている

必ず8つの枠を埋めてもらうこと。

発見シート

あなたはキャリアカウンセラーです。この人の強み（価値観）に関するワードを分析しましょう。

> いつも笑顔／話しかけやすい／コツコツ一生懸命頑張ることができる／相手の立場になってコミュニケーションができる／作業が速い／人を大事にする

ホメゴロシート

	あなたの 素晴らしいところは こんなにたくさん あります	

発見シート

あなたはキャリアカウンセラーです。この人の強み（価値観）に関するワードを分析しましょう。

29 自分の強みに気づく「強み再確認シート」

自己分析は自分で評価しているので、すべてが正しいとは限りません。まわりの評価（他己分析結果）と合ってこそ、「本当の自分の強み」と言えます。自己分析シートの発見シート（❶〜❺、⓬〜⓳）、他己分析シートの発見シート（㉖〜㉘）を照らし合わせて確認しましょう。自分の言葉を並べて見ることによって、「自分の価値観」も見えてきます。

強み再確認シート

> 自己分析シートの発見シート（❶〜❺、⓬〜⓳）にしかないキーワードを記入。

> 同じ言葉があれば、1つだけ書けばよい。

答えを導き出すことが好き／歌が得意
悔しいからこそやる／失敗を恐れない／行動力
挑戦する／感謝する／笑顔が好き／出会いを大切にする／模範的
努力家／丈夫／歌がうまい／環境にやさしい／みんなで作り上げる
好きなことはとことんやる／考えるのが好き／パワーポイントが得意
気晴らしが得意／環境問題に関心／準備を怠らない／自分で行動する
確認を怠らない／何事も楽しむ／努力を惜しまない／企画力がある／人と話すのが好き
たくさんの人と出会う／事務作業が速い／調整できる／自分で決める／接客が好き
愛想が良い／勉強とアルバイトの両立／手を抜かない／最後まで諦めない／趣味も多い
中途半端にしない／マナーが良い／人の陰口を言わない／素直／責任感／有言実行
粘り強い／協調性／人の良いところを見る／手を抜かない／たくさん考える

人の話を聞く／真面目／いつも笑顔
効率的に動く（時間を大切にする）／約束を守る／気を配る
人のことも考える／努力を惜しまない

> 強みをアピールする際にはこのキーワードを記入しているワークシートを探し、そのエピソードで裏付けると説得力がある。

> 自己分析シートの発見シート（❶〜❺、⓬〜⓳）、他己分析シートの発見シート（㉖〜㉘）でキーワードが似ているもの、同じものを記入。本当の強みである可能性が高い。

何事もコツコツと続ける／意欲的／正直／誠実／目標に向けて頑張る
相手の立場になってコミュニケーションができる／話しかけやすい

> 他己分析シートの発見シート（㉖〜㉘）にしかないキーワードを記入。

強み再確認シート

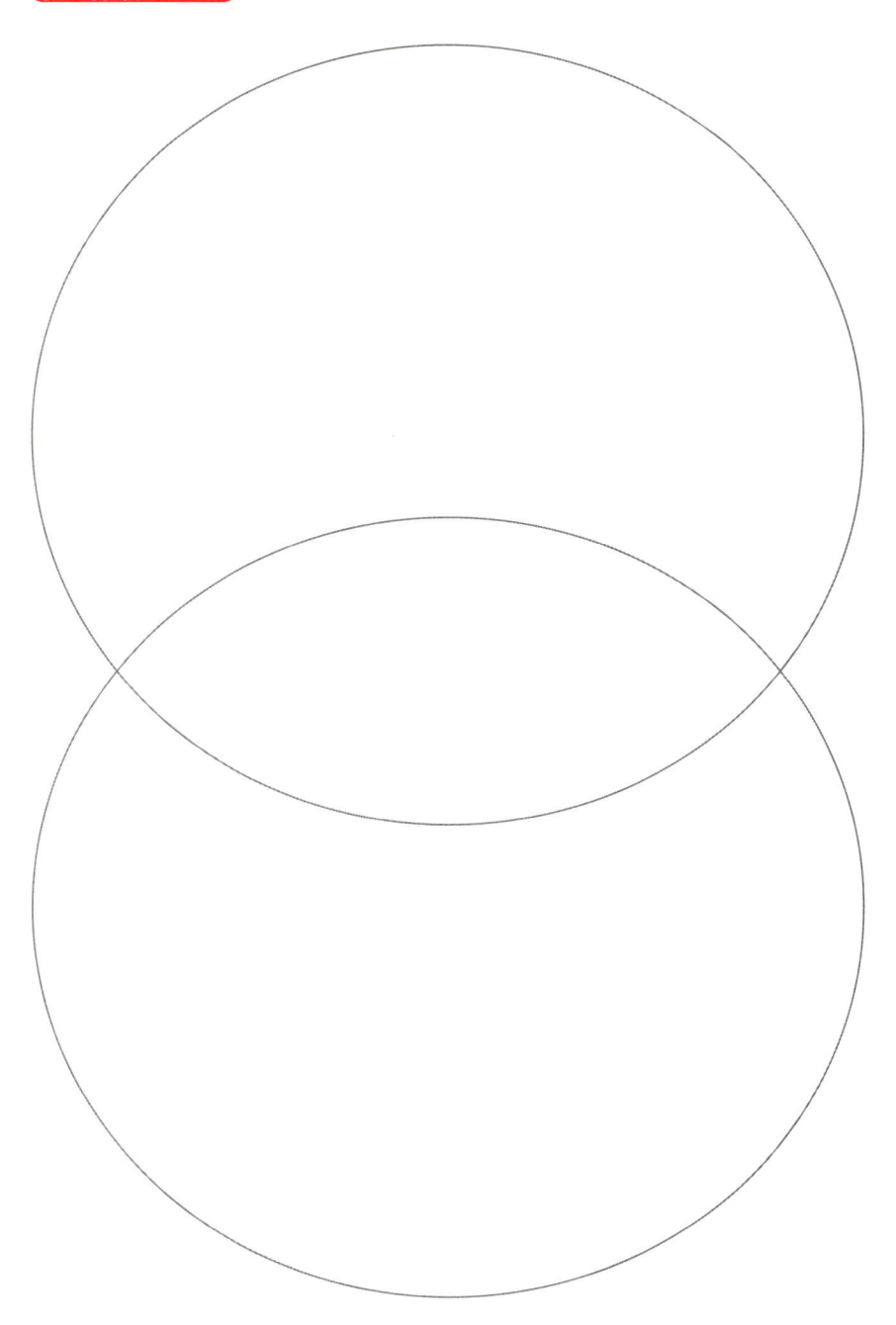

30 理想の自分に気づく「これからのワタシート」

これまでは、どのように生きたいのか、どのような仕事をしたいのかを考えてきました。ここでは、これからの自分に関するキーワードをまとめてみましょう。キーワードを並べて見ることによって、将来、どのような人間になりたいのかが見えてきます。理想の人物と今の自分にギャップがあるなら、これから理想の自分になれるように行動していきましょう。

これからのワタシート

給料の良い会社に就職
職場復帰しやすい会社に就職する
若いうちにバリバリ働く
しっかり休みの取れる会社に勤める
1つの会社で働き続ける
たくさんの人と出会える仕事をする
人と接する仕事をする
疑問やニーズを聞ける営業をする
セミナーを開く

> 自己分析シートの発見シート（❻〜⓫）から「仕事」に関するキーワードを宣言するように記入する。

> 企業研究、企業を選ぶ際に合致するかどうか考えるとよい。

＋

有効に時間を使う／語学を学ぶ
たくさんの人と交流する／人とは違う
夢を実現／自分の考えを発言できる
アドバイスが上手／頼りにされる
仕事と家庭の両立／話を聞いてくれる
たくさんの趣味／休日は外出する／聞き上手
気を遣える／いつでも感謝の気持ちを持つ
いつでも笑顔／人の笑顔が好き

> 身の回りにこのような人がいたら真似してみよう。

> 自己分析シートの発見シート（❻〜⓫）から「人物」に関するキーワードを宣言するように記入する。

↓

理想の自分

これからのワタシート

＋

→ **理想の自分**

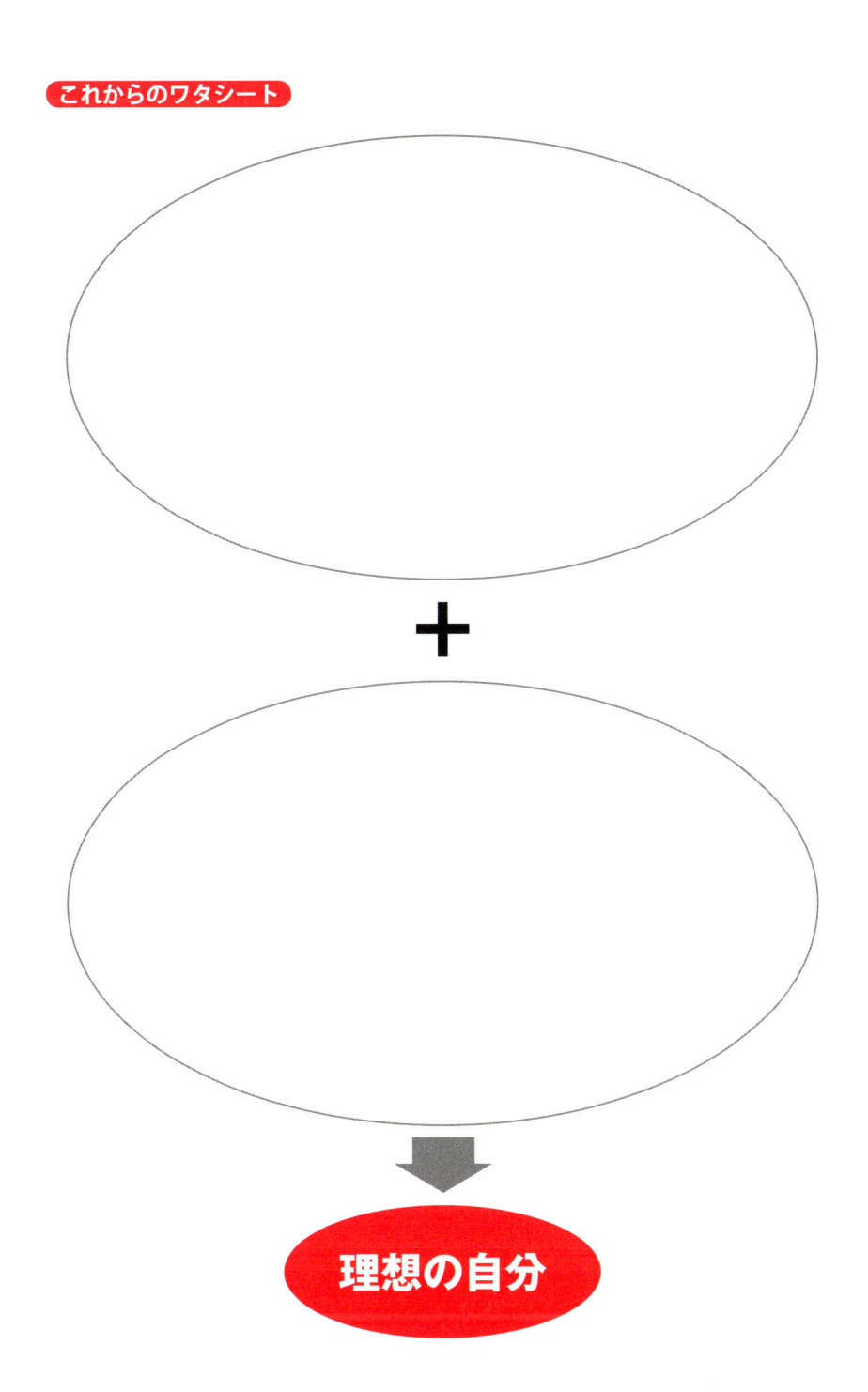

Q&A

Q 自己分析をしていて、過去（小学生の頃など）についてなかなか思い浮かばないのですが…

　たしかに数年前ならともかく、10年も前のこととなると思い出すことは難しいかもしれません。そのため、過去を考えるための「きっかけ」があったほうがいいでしょう。一番良いのが「過去のもの」を見ること、触れることです。その時のことが思い出しやすくなります。例えば、小学生時代の写真を見ながら考えてみましょう。他にも実際に「思い出の場所」に行って考えてもいいでしょう。ただ机に向かって自己分析をする必要はありません。どこに行っても自己分析はできるのです。

きっかけになるもの

　学生時代の写真、レポート、日記、卒業アルバム、通知表、資格の認定証、表彰状、手紙、自分が書いた絵など。

Q 自己分析ってどこまですればよいのでしょうか？

　自己分析には終わりがありません。自分を知ろうとすることは就職活動にかかわらず、一生かけてやるものでしょう。しかし、就職活動の自己分析には「目的」があります。自分の強み、自分がやりたいことを見つけることです。これから「自分と向き合う時間」はなかなかとれるものではありません。時間のある学生の時に徹底して自分と向き合うことは、これから働く上でも役立つでしょう。

Q 理系なのに研究職ではない職種（文系就職）を目指しているのですが、大丈夫でしょうか？

　就職活動では、「理系だからこの職業は厳しい」「文系だからこの職業は厳しい」などと、理系と文系の話が出てくるものです。確かに募集要項に応募資格が書かれている場合は、厳しいかもしれません。しかし、そのような条件がなければ挑戦することはできます。理系の方であれば、どのような企業の応募条件も満たしており、文系よりも選択肢が広くなるでしょう。挑戦することは自由です。就職活動では、できるかどうかではなく、できる「可能性」を見られているのです。文系の学生でエンジニアになった人もいます。最初から「文系理系の壁」なんてどこにもありません。自分で「壁」をつくる必要はないのです。少しでも興味があれば、まずは応募してみましょう。

第4章 企業研究について

企業研究について

　やりたい仕事を見つけるためには、世の中にどんな仕事があるのか知らないとできません。そこでまず、企業研究をする必要があります。企業研究を大きく分けると、「業界研究」「企業研究」「職種研究」の3つに分かれます。志望企業の業界がどのようなところなのか、志望企業はどのような特徴があるのか、どのような仕事をしているのかを調べるのです。このようにしっかりと企業について深く分析することにより、説得力のある志望動機ができるのです。

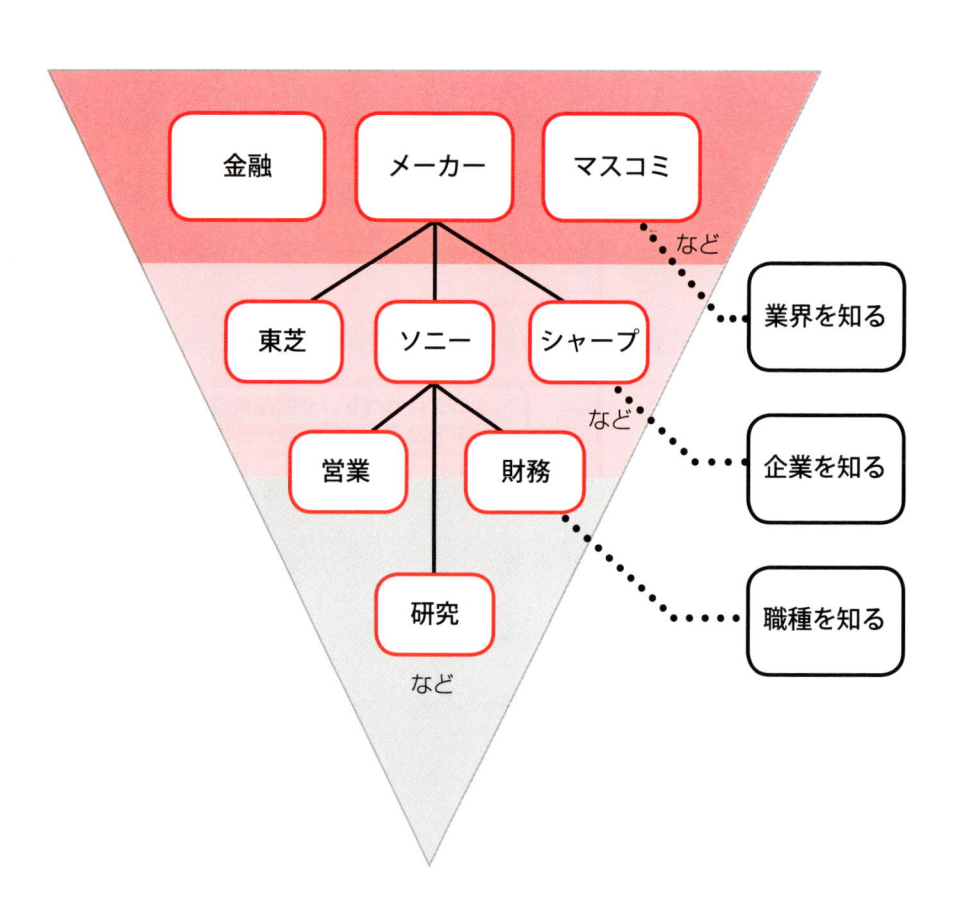

```
金融    メーカー    マスコミ      など  ……  業界を知る
        東芝  ソニー  シャープ    など  ……  企業を知る
              営業  財務                   ……  職種を知る
                    研究
                    など
```

企業研究の方法について

　業界、企業、職種についての情報は、集めれば集めるほど有利になります。有効な情報収集の手段として、「OB・OG訪問」「インターンシップ」「イベント（合同説明会）」「インターネット」「本・雑誌」などが挙げられます。目的に応じて、使い分けるといいでしょう。

	業界	企業	職種
OB・OG訪問	自社については知っていても、業界についてはそれほど詳しくない可能性がある。	実際に働いている人に聞くのが一番。勤続年数が長い人（30代以上の人）の方がためになる。	OB訪問をする際に職種を指定してお願いすれば、希望の職種の人に会うことも可能。
インターンシップ	インターンシップ先の仕事に基づくカリキュラムが多く、やや不適切。営業を行えばわかることもある。	実際に働いてみるのが一番。なるべく長期間のインターンシップがお勧め。グループワークでも学べる。	メディア事業体験・エンジニア職体験のように実際に職種を限定して体験できるカリキュラム等もある。
イベント（合同説明会）	参加企業の説明が中心なので、やや不適切。業界に特化したセミナーに行けば雰囲気はわかる。	セミナー形式で紹介する企業もある。質疑応答の時間だけでは限られるので、個別に質問しよう。	人事部、内定者などが来るが、希望職種の人が来るとは限らない。会えたら、積極的に質問しよう。
インターネット	就職サイトでは、「業界特集」のようなコンテンツが提供されているので見ておこう。	企業のHP、就職活動サイトの募集ページを見ればわかるが、良い情報しか掲載されていない。	就職サイト内の「仕事研究」や募集ページの社員の人のインタビューなどは参考になる。
本・雑誌	各業界を特集した本や、特定の業界に特化した雑誌の特集もあるのでチェックしよう。	社長の自伝、マーケティング関連の書籍、ビジネス誌などに限られ、一部の企業を除いては厳しい。	特定の職種を取り上げる本や雑誌はあまりない。ビジネス誌などで営業の特集を見かけるぐらい。

OB・OG訪問の仕方

　OB・OG訪問は入りたい企業を探したり、あこがれの企業について詳しく知りたいときに、最も役立ちます。様々な社会人に会える可能性もあり、このような機会はなかなかありません。どんどん先輩に会うべきでしょう。まず、面識がないOB・OGにアポを取るために、電話やメールで連絡をとる必要があります。相手に失礼のないように、OB・OG訪問をする方法を紹介します。

OB・OGを探す

ＯＢ・ＯＧ訪問を引き受けてもらえる社会人を探しましょう。たとえば、就職課やＳＮＳで探す、サークルやゼミの先輩、親戚、人事の方に紹介してもらうなどの方法があります。

| 就職課 | サークル | ゼミ | ＳＮＳ | 親戚 | 企業 |
| で探す | で探す | で探す | で探す | で探す | で探す |

OB・OGに連絡する

ＯＢ・ＯＧ訪問を電話やメールで依頼する際に、「自分よりも忙しいこと」を意識すること。引き受けてくれるのが当たり前と思わずに、相手のスケジュールに合わせましょう。ＯＢ・ＯＧ訪問の依頼のメールを送る際には、以下の点に注意しましょう。また、人事担当者などにメールで問い合わせをする際にも、同じように気をつけましょう。

❶件名は、内容がひと目でわかるようにする。
❷１行目に会社名、部署名を略さずに書く。
❸誰から届いたかわかるように学校名、名前を名乗る。
❹１行あたりの文字数は３０文字程度。見やすく改行する。
❺時候の挨拶は書かずに、用件から書く。依頼の内容は簡潔に。
❻最後に連絡がとりやすくするために署名を入れる。

OB訪問の依頼をメールでする場合

件名：ＯＢ訪問のお願い ①

株式会社 ジョブトレンド ②
○×事業部　○○○○様

初めまして。私は●●大学●●学部３年に在籍しております ③
日実太郎と申します。 ④

この度、大学の就職課で
○○先輩のメールアドレスを教えていただき、 ⑤
ぜひともＯＢ訪問をお願い致したくメールを差し上げました。

現在、就職活動で企業研究を行なっておりまして、　　できれば、なぜ訪問した
貴社に大変興味を持っています。　　　　　　　　　　いのか詳しく書くといい。

ぜひとも○○様の仕事内容、やりがいなどについて
お話をお伺いできればと思っています。

つきましては来週、再来週で○○先輩のご都合の
よろしい時にお時間をいただければ幸いです。

お忙しいところ突然のお願いのメールにて大変恐縮ですが、
なにとぞよろしくお願い申し上げます。

++++++++++++++++++++++++++++++++++

●●大学　●学部　３年
日実太郎（にちじつたろう） ⑥
〒113-0033
東京都文京区本郷３丁目２番12号
電話：03-0000-0000　携帯：080-0000-0000
mail：nichijitsu-tarou@job-forum.jp

++++++++++++++++++++++++++++++++++

OB訪問する

OB訪問の時間は限られています。時間を無駄にしないように事前に調べられることは調べておきましょう。また、あらかじめ質問も準備しておきましょう。依頼してから日にちがたっている場合は、訪問前日に「明日○日○時にお伺いします」と確認のメールを送るといいでしょう。当日はスーツを着用し、遅刻しないように待ち合わせの10分前には着き、待ち合わせ時間になったら連絡しましょう。メモ帳と筆記用具を持参し、貴重な話を忘れないようにメモします。

お礼する

忙しい合間を縫って、話を聞かせてくれた先輩に感謝の気持ちを伝えましょう。お礼は封書、はがき、そして、メールでもかまいません。一番大切なのは、形式よりも時間を置かずにお礼をすることです。感謝の気持ちが伝わるように、実際に話を聞いて感じたこと、勉強になったことなどを交えて具体的に書きます。また、これからどこかで一緒に仕事をすることもあるかもしれないので、就職活動終了後にもお礼のメールを送りましょう。

〜〜お礼メール文例〜〜
●●大学●●学部3年 日実太郎です。
本日はお忙しいなか貴重なお時間をいただき、
誠にありがとうございました。

○○様とお話をすることにより、
貴社の仕事に対する理解が深まりました。
私の研究不足もあり、憧れだけではできない仕事だとわかりました。
とても気が引き締まり、今後の就職活動に役立てていきたいと思います。

就職活動が終了しましたら、あらためてメールにて
結果を報告させていただきたいと思っております。

本日は丁寧にご対応くださいまして、誠にありがとうございました。
取り急ぎお礼のみ申し上げます。

> OB訪問をしてわかったこと、感謝の気持ちなどを伝えよう。

企業研究の活かし方

　いくら企業研究をしたとしても、見たこと、聞いたことなどをそのままエントリーシートや履歴書に書いてはいけません。例えば、「OB訪問した社員の方が素晴らしかった」「教育制度がしっかりしている」というような書き方は厳禁です。誰でも書けるような文章は、相手にやる気が伝わりません。「そのようなOBの方と一緒にどのような仕事をしたいのか」「教育制度を利用して、何を学び、どう仕事に活かすのか」のように、企業研究で得た情報を基に自分で考えなければいけません。その後でエントリーシートや履歴書（特に志望動機）へ反映させましょう。

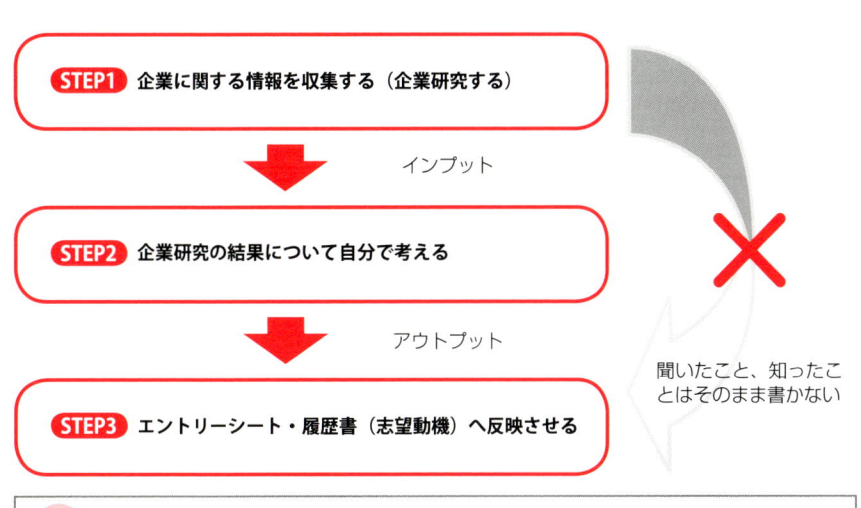

STEP1 企業に関する情報を収集する（企業研究する）

↓ インプット

STEP2 企業研究の結果について自分で考える

↓ アウトプット

STEP3 エントリーシート・履歴書（志望動機）へ反映させる

✕ 聞いたこと、知ったことはそのまま書かない

Q　貴社と御社の違いは何ですか？

　「御社」と「貴社」は、話し言葉と書き言葉の違いです。面接では「御」（御社等）、応募書類では「貴」（貴社等）を用いるのが一般的です。また、金融機関や団体・組合などの場合は以下のような言葉を用います。

- ■銀行 ―「御行（おんこう）、貴行」　■信用金庫 ―「御庫（おんこ）、貴庫」
- ■団体 ―「御協会（おんきょうかい）、貴協会」　■組合 ―「御組合（おんくみあい）、貴組合」
- ■病院 ―「御院（おんいん）、貴院」　■省庁 ―「御省（おんしょう）、貴省」
- ■学校 ―「御校（おんこう）、貴校」　■学院 ―「御学院（おんがくいん）、貴学院」

31 自分に合った企業を見つける「企業探シート」

いざ企業を調べようとした時に、あまりにたくさんありすぎて困るかもしれません。そこで、自分の価値観に合って、強みを発揮できそうな企業を絞りこみましょう。自分のやりたいことや強み、価値観を組み合わせて考え、自分に合った業界・企業・職種を思いつくままに記入しましょう。ある程度企業研究してから考えると、新たな発見があるかもしれません。

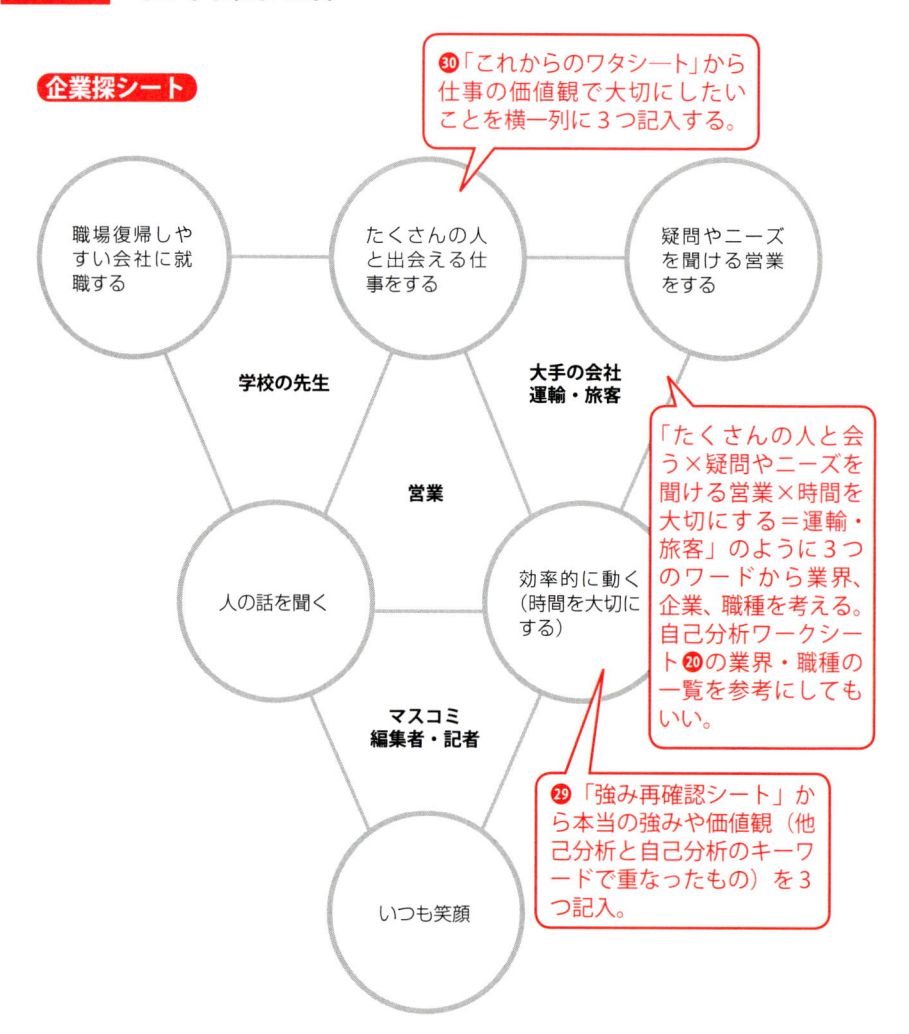

企業探シート

- 職場復帰しやすい会社に就職する
- たくさんの人と出会える仕事をする
- 疑問やニーズを聞ける営業をする
- 人の話を聞く
- 効率的に動く(時間を大切にする)
- いつも笑顔

学校の先生

大手の会社 運輸・旅客

営業

マスコミ 編集者・記者

㉚「これからのワタシート」から仕事の価値観で大切にしたいことを横一列に3つ記入する。

「たくさんの人と会う×疑問やニーズを聞ける営業×時間を大切にする=運輸・旅客」のように3つのワードから業界、企業、職種を考える。自己分析ワークシート⑳の業界・職種の一覧を参考にしてもいい。

㉙「強み再確認シート」から本当の強みや価値観(他己分析と自己分析のキーワードで重なったもの)を3つ記入。

企業探シート

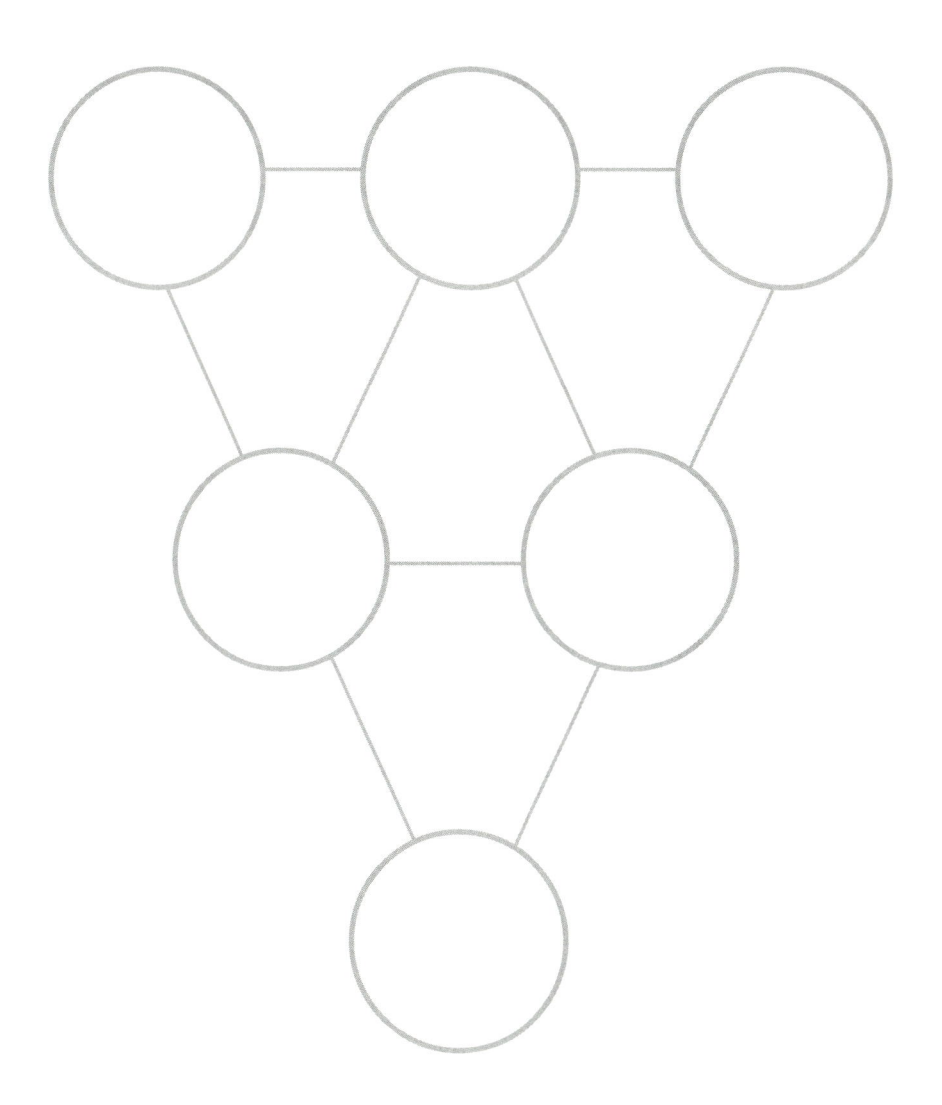

32 徹底的に志望企業を調べる「企業研究シート」

適職に就くためには自己分析だけではなく、志望企業についても研究する必要があります。なぜなら、それが志望動機にもつながるからです。わからないことはOB訪問をして聞いてみましょう。すべての志望企業を研究することで、自分に合っているかどうかを比較することもできるでしょう。

企業研究シート

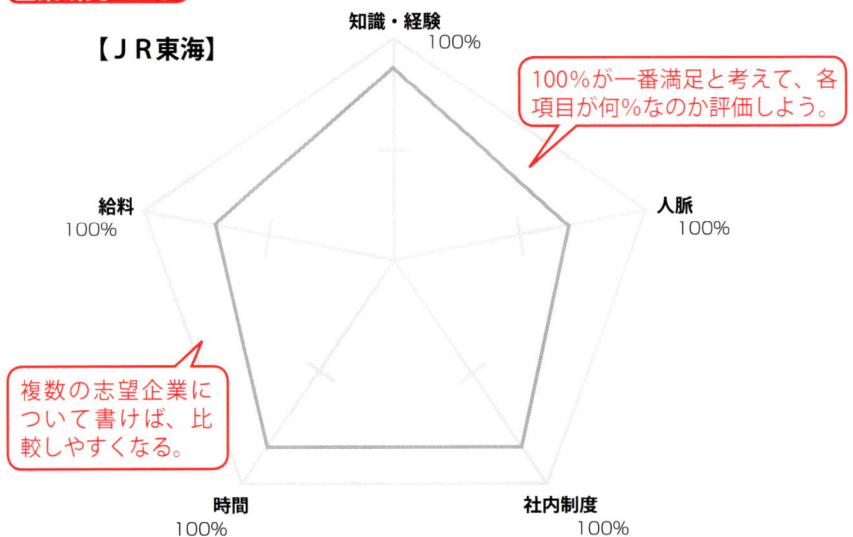

【JR東海】

- 知識・経験 100%
- 人脈 100%
- 社内制度 100%
- 時間 100%
- 給料 100%

> 100%が一番満足と考えて、各項目が何%なのか評価しよう。

> 複数の志望企業について書けば、比較しやすくなる。

Q. 志望企業では、どのような知識が得られ、経験を積むことができるのか？また、それらを活かして仕事で何をしたいのか？

入社後、駅係員や運転士の経験を積むことで、今後の仕事に活かすことができます（どのような駅係員が望まれているのか。どんなサービスがあったら、より快適に過ごせるのか）。また、自分が経験することで、ほかの運転士、駅係員の方に説得力のある指導ができます。そして、それが結果としてお客様満足度にもつながります。運輸系統は列車の運行や駅の運営など、列車を利用するお客様と一番接点がある部門です。接客から駅ビルのお店、駅構内のバリアフリー化、電車内でのインターネット利用を求める声に応えています。その時期にあった列車運行時刻を作成し、安全管理を行うなどお客様のためにトータルコーディネートして、喜びを与えられます。

> 知識や経験を積み、最終的に何がしたいのか、誰を喜ばせたいのかなど、その会社でしかできないことを考えてみよう。

Q どのような人脈（スタッフ、お客様、同僚など）ができるのか？
今後、どのように役立つのか？

駅係員の仕事をする機会があるので、ビジネスマンから旅行中の人まで全国の方と接することができます。総合職の人数は少ないですが、その分たくさんのお客様に接することができるのがいいです。社内教育では、運転士を目指すおじさん達を励ますことが多いようです。JR西日本の方とも一緒に仕事をしているので、関東・東海地域に留まらずに幅広い人脈が得られます。

> 従業員数を調べたり、どのような人と一緒に働きたいのか、どのようなお客様にサービスするかなど考えよう。

Q どのような社内制度があるのか？　魅力的な社内制度とは？
今後、どのように役立つのか？

育児休暇が最大3年間(通常は1年半)あるので、結婚して子どもが生まれても安心して働くことができます。
現場で仕事ができるのは嬉しい。将来、自分が管理する立場になった場合、その経験を活かすことができ、それがお客様のためにもなります。

> 今後のキャリアに役立つ制度があるかどうか考えよう。

Q 残業時間はどれくらいあるのか？
プライベートも充実できるのか？

2〜3年ごとに部署が変わり、部署が鉄道運行管理や駅係員なら夜中も仕事があります。年末年始や夏休みなどが一番忙しいかもしれません。残業はあるけど、平均帰宅時間は19時〜19時半。子どもが小さい時には、残業をまったくなしにしてくれる制度もあるので利用したい。ベストファミリー賞のような表彰も行っているので、家庭と仕事の両立ができている人が多いと思います。

> OBに1日のスケジュールなど聞くとわかりやすい。自己分析ワークシート❶の「これからやりたいこと」ができるか考えよう。

Q 給料はどれくらいあるのか（平均年収、生涯賃金）？
これからやりたいことはできるのか？

平均年収は730万円で、生涯賃金は2億6020万円。家はほしいけど、結婚してから買えば問題なし。マイカーも頑張って貯金すれば早く買えそうです。東京本社ならば自宅から通勤できるので、貯金もできます。最初は東京ではないが、仕事に集中！　私の望む、普通の生活は送れそうです。

> 給料について調べて、自己分析ワークシート❶の「これからやりたいこと」ができそうか考えよう。

Q あなたと志望企業との共通点は何ですか？

自分がしたことが、多くの人に喜びを与えている点です(一番嬉しいのはお客様から感謝の手紙や電話をもらった時だと社員の方が言っていた)。

> 企業理念など自分の価値観と共通するものがあると仕事にもやりがいが出るので考えてみよう。

企業研究シート

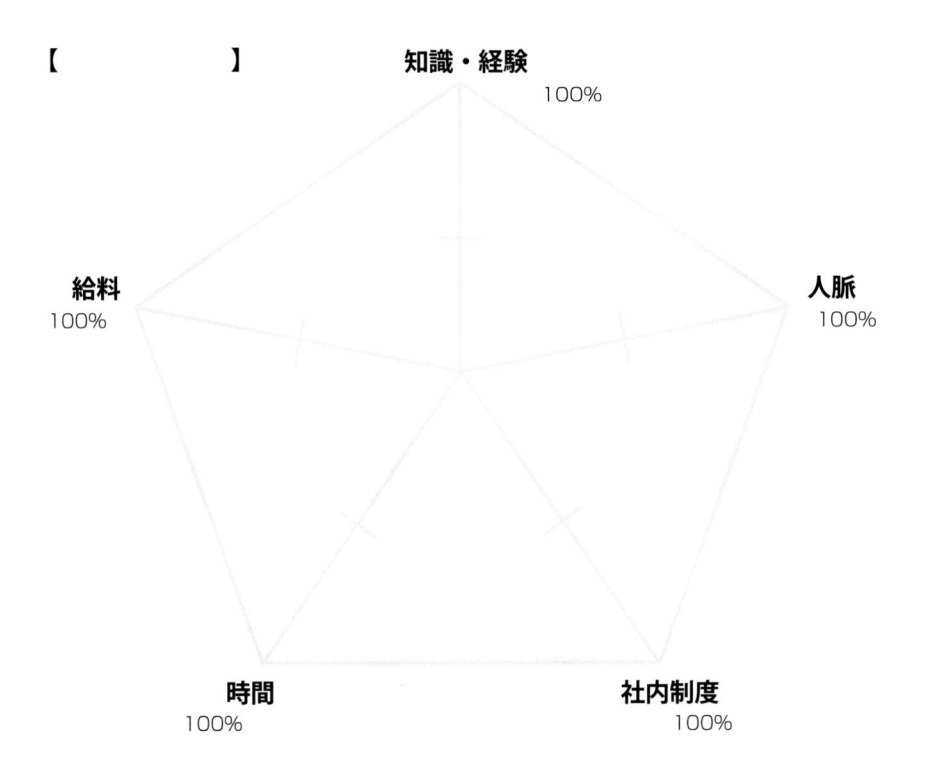

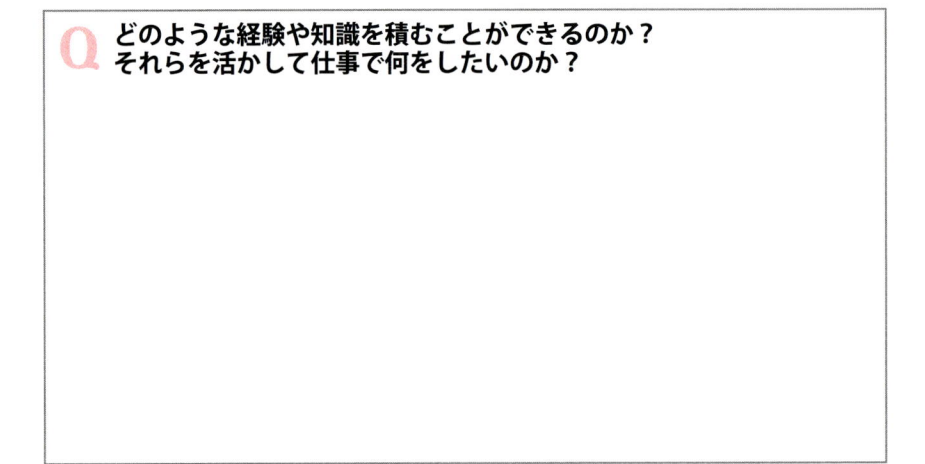

【　　　　】

知識・経験
100%

給料
100%

人脈
100%

時間
100%

社内制度
100%

> **Q** どのような経験や知識を積むことができるのか？
> それらを活かして仕事で何をしたいのか？

Q どのような人脈ができるのか（スタッフ、お客様、同僚など）？
今後、どのように役立つのか？

Q どのような社内制度があるのか？魅力的な社内制度とは？
今後、どのように役立つのか？

Q 残業時間はどれくらいあるのか？
プライベートも充実できるのか？

Q 給料はどれくらいあるのか（平均年収、生涯賃金）？
これからやりたいことはできるのか？

Q あなたと志望企業との共通点は何ですか？

Q&A

Q OB訪問ではどのような質問をすればよいでしょうか？

あらかじめわかることは調べ、わからないことを素直に質問すればいいでしょう。しかし、給料のような聞きづらい質問をする場合は、配慮が必要です。例えば、「現在の給料はいくらですか？」とストレートに聞いては失礼なので、「１人で生活できるかどうか不安なので、給料の目安を教えていただけないでしょうか？」と、なぜそのことを聞くのかがわかるように質問しましょう。

質問例

「１日の仕事の流れを教えていただけないでしょうか？」
「何時ぐらいに退社されることが多いでしょうか？」
「会社に入って一番うれしかったことは何でしょうか？」
「仕事で辛いと感じることはありますでしょうか？」
「部下にしたいタイプはどのような人でしょうか？」
「他社にはない強みってどんなところでしょうか？」

Q 今まで新聞を熱心に読んでこなかったのですが、新聞をどう読んだらよいのでしょうか？

新聞は毎日読んでおいたほうがよいでしょう。筆記試験の一般常識・時事問題などで役立ちます。特にマスコミ業界の筆記試験では、最新の時事問題が出されることがあります。他にも、面接で「今日の新聞で気になった記事は？」というように時事ネタについて聞かれることもあります。ともかく情報はたくさん持っていたほうが有利です。新聞が苦手なら、ニュース番組、ニュースサイトを見てもよいでしょう。ただ覚えようとするのではなく、常に出来事について自分なりに考え、意見を言えるようにしておきましょう。

Q セミナーの案内に、「あなたらしい服装・ご自身がリラックスできる服装で来てください」とあるのですが、どのような格好をすればよいのでしょうか？

まず、「服装は自由」「スーツでなくても結構です」などと言われた場合、迷ったらスーツにしたほうが無難です。実際、服装の自由な説明会に出席したら、９割がスーツだったということもあります。「スーツ以外の私服で来てください」と企業から指定された場合のみ、「私服」で行きましょう。あまりカジュアルな服装はマイナス評価の対象になるので、仕事をするうえでおかしくない格好で参加しましょう。就職活動をしている学生として、その場にふさわしい服装で参加することが大切です。

第5章
履歴書・エントリーシートについて

履歴書・エントリーシートの基本的な書き方

　企業の採用担当者は、膨大な数のエントリーシートに目を通すことになります。そこで、「制限文字数が守られてない」「誤字脱字がある」などの基本的なルールが守られていないエントリーシートは、それだけで落とされても仕方ありません。そのようなことにならないように、履歴書やエントリーシートの基本的な書き方（マナーやポイント）をご紹介しましょう。採用担当者にとって、読みやすく、わかりやすく書くことが大切です。

履歴書・エントリーシートのマナー

① 1つひとつの文章は短めに
読みやすくするためには、文章のリズムをつくることです。文章が長いと読みづらいので、1文あたり80文字以内にして1つひとつの文章を短くします。実際に声に出して読んでみて、読みづらければ書き直しましょう。

② 丁寧に書くこと
字の上手下手は関係ありません。どれだけ丁寧に書こうとしているかが大切です。雑に書いていると読みづらいだけではなく、やる気がないように感じられます。もし文字を間違えてしまったら、修正液を使用せずに一から書き直します。誤字脱字は絶対にしないようにしましょう。

③ 余白をつくること
窮屈に書かれていると、面接官は読む気をなくしてしまうものです。余白をつくることによって、担当者に心のゆとりをもたせましょう。とはいえ、逆に空欄が多すぎるのもやる気が感じられません。回答する場合は、制限文字数の8割程度の文量で書くのがいいでしょう。決して制限文字数は超えないように。箇条書きで書くのもいいですが、エピソードが抽象的にならないように注意しましょう。

④ 書き言葉で、統一すること
エントリーシートは、書き言葉を使いましょう。「〜みたいな」のような話し言葉を使ってはいけません。学生言葉はなおさら駄目です。基本は「です・ます調」ですが、「である調」でもかまいません。文体が統一されていることが大切です。エントリーシートや履歴書は、ビジネス文書と一緒に考えましょう。

- ●学生言葉　　×バイト→○アルバイト　　×部活→○部活動　　×学祭→○学園祭
- ●話し言葉　　×そういう→○そのような　　×とりあえず→○まず
　　　　　　×〜みたいな→○〜のような

履歴書・エントリーシートのポイント

①誰が見てもわかるように書く
誰が見てもわかるように書くことが大切です。担当者が小学生と想定して書いてもいいでしょう。専門用語やサークル名などは、誰もがわかるとは限りません。なるべく具体的に説明しましょう。例えば、「○○サークル」とサークル名を書いても伝わりませんが、「留学生とイベントを一緒に行う国際交流サークル」とすれば伝わります。

②結論から書くこと
設問の答え（結論）を最初に書きましょう。例えば、映画を見る時、あらかじめ予告編などで映画の内容を知っていれば理解しやすいでしょう。最初に「結論」を書いておけば、相手に伝わりやすいのです。

③マイナスになることは書かない
エントリーシートや履歴書は、後々まで記録として残るものです。いったん自分にマイナスになることを書いてしまうと、ずっと欠点として見られてしまいます。設問で問われない限り、あえてマイナスになることは書かないことです。

④数字を使用する
「数字」には客観性があり、誰もが同じ尺度で公平に見ることができます。このような共通のモノサシで書くと、説得力があります。例えば、「新しいメニューを作成し、売上アップに貢献した」と書くよりも、「新しいメニューを作成し、1000万円の売上アップに貢献した」と書いたほうが印象がまるで違います。エピソードを考える際に、「How much」「How many」で考えてみるとよいでしょう。

⑤出し惜しみをしない
「後で説明すればいいから○○は書かないでおこう」などと考えてはいけません。履歴書に書いてなければ、面接で質問されることもありません。あなたが面接の場で直接説明しなくてもわかるように、たった1枚の履歴書とはいえ、自分のすべてが伝わるように意識して書きましょう。

⑥初めからギリギリの文字数で考えない
例えば、制限文字数が400文字の場合、最初から400文字で書こうとしてはいけません。それよりも多く書くことです。2倍ぐらいの文字数（800文字）で考えてもいいでしょう。そのほうが自分の頭に「枠」をつくることなく、より多くのエピソードが出てきます。あとは文字数を削っていくだけです。

⑦同じことを書かない
履歴書は、大きくてもせいぜいA3程度のサイズしかありません。ただでさえ少ないスペースなのに、同じエピソードばかりをアピールしても意味がありません。例えば、「自己PR」「学生時代に頑張ってきたこと」「志望動機」の課題に対して、すべて「サークル」のエピソードで説明すると、それだけの人だと思われてしまいます。採用担当者は、少しでもあなたのことを知りたいので、いろいろなエピソードでアピールしましょう。

⑧下書きをする
いきなり本番の用紙に書くと、途中でスペースが足りなくなったり、逆にスペースが余ってしまうことがあります。そうならないように、「下書き」を行いましょう。それを本番の用紙に書き写せば、誤字脱字も防ぐことができます。

⑨ 人に見せる

履歴書やエントリーシートを書いたら、友達でも、ＯＢでもいいので見てもらいましょう。自分では言いたいことをしっかりと伝えているつもりでも、まったく伝わっていないことがあるからです。自分で書いたものはなかなか客観的に評価できないものです。また、評価するのはあなたではなく、採用担当者なのです。他人の意見や感想をもらうことによって修正すれば、より素晴らしいものになるでしょう。

⑩ 控えをとる

就職活動でたくさんの企業にエントリーしていると、どういう内容のエントリーシートを書いたのか忘れてしまうことがあります。そうならないように、コピーをとっておきましょう。事前に控えを見て心の準備ができていれば、面接もうまくいきやすいでしょう。

Q　エントリーシートで数字を使ってアピールしたいのですが思いつきません…

まず、数字を使用するときには何をアピールしたいのかを考えましょう。例えば「毎日１冊本を読んでいる」と「１年間に本を365冊読んでいる」では、同じようでも意味は違ってきます。前者の表現は継続力をアピールでき、後者の表現は３桁の数字がインパクトを与えて知識量をアピールできます。後者の場合は、あえて「１年間321冊」のように、中途半端な数字を使用して引きつける方法もあります。エントリーシートのエピソードで、最も多い「サークル」「アルバイト」を数字で表現するためのフォーマットを紹介しましょう。

私が所属する（　　　　　　　　　）サークルは、
（　　）人のサークル。新入部員を（　　）人勧誘し、後輩を（　　）人指導した。週（　　）日練習＜毎日（　　）時間練習＞した。（　　　　　　　　）大会では（　　）位になった。イベントでは（　　）人動員し、学園祭の模擬店では売上げ（　　）万円を達成した。（　　　　　　　　）においてはナンバー１だった。

私は（　　　　　　　　）のアルバイトとして、
（　　）年間勤めている。アルバイトの人数は（　　）人。（　　）人の後輩を指導したことがある。アルバイト先の接客数は１日（　　）人、今までに（　　）人接客した。１日の売上げは（　　）万円。最初は売上げが（　　）万円だったが（　　）万円にし、（　　）％アップさせた。（　　　　　　　　）においてはナンバー１だった。

エントリーシート記入例

▼学生生活の中で、最も力を注いだ事はどの様な事ですか。

学生の間、常に考えてきた「人にとっての良い時間と空間」について、実空間での実感を得るために所属した、カフェ空間を創る団体での活動です。

そこで私は、「メニューは16種類の水だけ」の、**ウォーター・カフェ**を企画しました。場所の確保が1番の悩みの種であった私たちが、やっと得ることが出来たのは、**金銭を扱ってはいけない**という制限のある原宿のフリースペースです。このカフェは、その非常に困った条件から生まれました。

「お金を取らずに提供できるもの」として、国内外から16種類のミネラルウォーター販売元に、PRすることと引換えに無料で提供してもらう、という交渉を交わし、カフェを実現しました。

1番の売りは「水を楽しむこと」。
条件をチャンスとして利用することで、お客様に無料で水を含く、の水を『見つける楽しみ』がカフェの商品です。好評の末、

加え、お気に入りの水でいれたお茶や料理で『水を味わう楽しみ』を提供、さらに最後『カフェの中だけで終わらない楽しみ』として、水ごとに購入方法も載せたプロフィールカードを渡し、存分に水を楽しんでもらうストーリーある提案を行いました。

お客様から頂いた、**「高級カフェに入るよりずっと良かった」**という言葉こそ、このカフェから学んだことであり、今でも私の財産です。

▼あなたの就職活動における企業選びの基準を教えてください。

― 心の充足感を与える「感動消費」が、
ビジネスの先にあること ―

これから、利便性等が急速に増すことで、日本は容易に物欲充足を満たせる社会になっていきます。今、人々が求めているのは**心の充足感**です。"モノ"を手に入れるだけならば、パソコンに向かってボタン1つでできてしまう時代です。
それでも人は、街行に出て、店に入ります。それは、「その場所で」「その商品を」買う、という時間を実感することが、真の価値だからだと思います。接客、品ぞろえ、店内の環境全てが、そこでのかけがえない体験につながります。
私はカフェを創ることから、"モノ"を介した体験価値の重要性を学びました。
「高い利益をあげること」は「いかに人々の充足感を提供できるか」にかかっています。**ビジネスを行うことで、社会に心の充足感を提供すること。**
そして、その相手は多ければ多い程、社会の幸せにつながります。

そういった大きな充実感を胸に仕事を行えることが、私にとって譲れない、企業選びの基準です。

吹き出しコメント:
- 結論から書き、団体の説明もあるのでわかりやすい。
- 余白があって見やすい。
- 数字を使うと「すごさ」がわかる。
- 1文あたりの文字数も少なく、丁寧な字で読みやすい。
- 枠から出ない方がいい。
- 下線を使用して強調するのもよい。

履歴書（履歴欄）作成について

　履歴書は、一般的に氏名、連絡先、学歴などを書く「履歴欄」と、自己PRや趣味などを記入する「自己紹介書欄」があります。企業から特に指定がなければ、大学の履歴書を使いましょう。市販の履歴書と比べ、アピールしやすいように構成されています。

❶ハンコ
三文判でかまいません。記入後にハンコを失敗するとやり直しになるので、履歴書を書く際には最初に押します。

❷写真
3ヶ月以内に撮影したもので、正面を向いたもの。スナップ写真、スピード写真はやめましょう。はがれることもあるかもしれないので、写真の裏には「大学名」「学部」「氏名」を記入しましょう。

❸日付
企業に提出する日を記入します。

❹名前
記入欄の中央に大きな文字で書きます。「ふりがな」とあったら「ひらがな」、「フリガナ」とあったら「カタカナ」で記入します。

❺現住所
「都道府県」を省略しないこと。「丁目」「番地」「号」も「—（ハイフン）」で省略せず、表記しましょう。マンション、アパートに住んでいる場合はアパート名、部屋番号も書きます。

❻アドレス
フリーのメールアドレスでもかまいませんが、企業からの連絡がいつでも確認できるアドレスを記入しましょう。

❼電話番号
携帯電話しかない場合は仕方ありませんが、なるべく固定電話の番号も記入したほうがいいでしょう。

❽学歴
基本的に高等学校入学から記入します。「高校」と省略せずに「高等学校」と記入すること。とくにアピールしたい場合は、小学校、中学校から書いてもかまいません。その際には、「平成●年3月　東京都文京区立日本実業小学校　卒業」のように卒業年月のみ記入します。

❾職歴・賞罰
アルバイトは職歴に含まれないので、「職歴なし」とします。末尾には、必ず「以上」と右端に記入して完結しましょう。

「履歴書」記入例

履 歴 書

③ 平成 ○ 年 ○ 月 ○ 日 現在

ふりがな	にち	じつ	た	ろう	①男・女
氏 名	④日	実	太	郎	印

② 写真をはる位置
1. 縦36〜40mm
2. 横24〜30mm
3. 裏面のりづけ

生年月日　昭和　××　年　9　月　11　日生
　　　　（満　21　才）

ふりがな　とうきょうとぶんきょうくほんごう
現住所　〒133－0033 ⑤
　　　東京都文京区本郷○丁目×番△号

E-mail：(PC)　××××@job-forum.jp ⑥
　　　　（携帯）　××××@ezweb.ne.jp

ふりがな
連絡先　　（現住所以外に連絡を希望する場合のみ記入）
〒
　　　　　　　　　　　　　　　　　　　　　　方

電話 ⑦
03 － ×××× － ○○○○
携帯電話番号
080 － ×××× － ○○○○
FAX
－　　－

電話
－　　－
FAX
－　　－

そろえて記入する。

年	月	学歴・職歴（各別にまとめて書く）⑧
		学歴
平成×年	4	東京都文京区立日本実業高等学校　入学
平成×年	3	東京都文京区立日本実業高等学校　卒業
平成×年	4	日本実業大学商学部商学科　入学
平成×年	3	日本実業大学商学部商学科　卒業見込
		職歴 ⑨
		なし
		賞罰
		なし
		以上

履歴書（自己紹介書）作成について

　自己分析、他己分析、企業研究が終われば、今まで書いたものをもとに履歴書（自己紹介書）が書けます。履歴書の設問とワークシートの番号が対応しているので、ワークシートの回答を見ながら記入しましょう。

得意科目（卒業論文または特に力を注いだ科目、分野）⓬

　ゼミの内容（専攻分野、卒業論文のテーマなど）を記入します。専攻分野についてはわからない可能性があるので、誰が見てもわかるように書きましょう。所属していない場合は、大学の授業で一番力を入れた科目を記入します。

●悪い例

> どのようなものかわからず、一部の人にしか伝わらない。

光触媒について。研究室では、酸化チタン光触媒の構造や機能を学び、その性能の向上と実用化に向けて研究を行っております。性能の向上についてのテーマでは、学会に参加し、奨励賞を受賞しました。

●良い例

> わかりやすく説明しているので、誰でも研究内容がわかる。

光触媒による悪臭の除去：光が当たることで悪臭物質を分解できる光触媒の表面を処理することにより、生ゴミから発生するガスの除去率を向上させる研究を行っております。学会に参加した際には奨励賞を受賞しました。

> 大学の授業について書く場合には学問についてのみ述べるのではなく、結果や学んだことなど書こう。

英語。
必修の授業以外にも自主的に英語の選択授業を履修するなどして、毎日授業を受けるほど学んでおりました。その結果、大学入学前は TOEIC の点数が 600 点でしたが、800 点を取得いたしました。

> 卒論のテーマについて書く場合、なぜ研究しているのか、どのような研究なのか説明するとよい。

マーケティング史。○○ゼミに所属し、「なぜ、ルイヴィトンが海外よりも日本で売れるのか」に興味があり、卒業論文では「ルイヴィトン・ジャパンのブランドマネジメント」について研究しております。

■クラブ活動・委員活動・スポーツなど（学業以外に力を注いたこと）❸

　大学時代に行っていたサークル、部活動、アルバイトなどを記入します。サークル・部活動に所属していない場合やアルバイトをしていない場合は、地域活動・ボランティアなどを行っていなかったか考えてみましょう。

●悪い例

> 大学時代に何をしていたのかが重要なので、中学・高校時代の部活動は書かないこと。

> 合唱部（中学・高校）。1つの音楽を作り上げるために、部員全員が心を1つにし、協力し合うことの大切さ・楽しさを学びました。また、全国合唱コンクールの関東大会まで進むこともでき、他校の生徒とも交流できました。

●良い例

> サークルの説明ではなく、自分が何をしてきたのか書こう。

> テニスサークル。初心者でしたが1年以内に試合に出ることを目標とし、授業や課題に追われていても練習には休まず参加。その結果、1年で試合に出場することができ、今ではサークルの女子の中でナンバー1です。

> 強調したいことを改行して見やすくしよう。

> 老舗高級ホテルでのアルバイト（3年間）。
> 250時間の研修に耐え、宴会サービス、クローク、バーテンダーの補佐業務を行い、「接客のプロ」として働きました。サービスに磨きをかけるべく、秘書検定準1級を取得するなど、常に一流のサービスを目指してきました。

> 複数アピールしたい場合は箇条書きでもいい。その際には必ず結果で裏付けること。

> ・マラソン
> （全国学生マラソン選手権　全国総合2位を獲得しました。）
> ・野球サークル
> （ホームページ担当として半年でHPのアクセス数を10倍にしました。）

趣味（特技）❶、❸〜❺

　趣味は、ただ好きなことを書けばいいわけではありません。何をアピールしたいのか意識しながら記入しましょう。「映画鑑賞」「音楽鑑賞」「読書」「旅行」などのありがちな趣味は、そのまま書いても意味がありません。例えば、「旅行」とだけ書いてもアピールになりませんが、「世界20カ国を巡りました」と書けば「行動力」をアピールできます。また、自己ＰＲなどで見せていない「意外な一面」を書くと、面接で和やかに話す「きっかけ」になることもあります。例えば、ほとんどの設問の回答で「勉強」について書いておいて、趣味欄に「スポーツ」とあるとギャップ効果があります。採用担当者は何に興味を持つかわからないので、2つ以上書くとよいでしょう。

●悪い例

> 映画鑑賞、旅行、音楽鑑賞、読書

●良い例

修飾詞を用いて具体的に書こう。

> スリルのある映画鑑賞　　読書（1年に365冊）

（　）をつけて補足するとわかりやすい。

> 旅行。世界20カ国を巡り、日常会話であれば「アラビア語」も話せます。

賞で裏づけすると説得力がある。

> ギター：YAMAHAのバンドコンテストで特別賞を獲得
> ダイエット：2年で25キロの減量に成功

期間を書いて継続力をアピールするのもいい。

> クラシック演奏（バイオリン歴20年、ピアノ歴10年）
> 腕立て伏せ（毎日100回、10年間続けています）

体力以外に継続力もアピールできている。クラシックとギャップがあっていい。

■ 自覚している性格（長所・短所）❷〜❸、⓱〜⓳、㉑

　短所を認識することはとても大切ですが、設問で求められないかぎり自分からは書かないことです。また、無理にキャッチフレーズのように書くのはよしましょう。余計にわかりづらくなります。長所は、なるべく「ありきたりな言葉（責任感、好奇心、負けず嫌い、行動力がある、几帳面、努力家など）」でわかりやすく述べましょう。その際、本当かどうかを証明するために、必ず「具体的なエピソード」で裏づけましょう。

● 悪い例

> 「5番キャッチャー」のような性格です。冷静に物事を捉えて行動し、グループを支えるために積極的にみんなとコミュニケーションを取ります。また相手のことを考えて行動し、時には自分の考えを押し通すこともあります。

　　→ 何を言いたいのかわからない。あとで説明するくらいなら、最初から書いたほうがいい。例えば、「冷静」「積極的」など。

　　→ マイナスな印象にとられる。表現に工夫を。

● 良い例

> 物事に対してコツコツと取り組みます。
> 中学、高校と皆勤賞を頂き、大学も休まず、毎日授業を復習しています。努力した結果、大学の成績の9割はA評価でした。

　　→ 結果も書いてあり、とても真面目な印象が感じられる。「勉強を頑張った」とアピールする人は少ないのでとても魅力的。

> 負けず嫌い。
> 日商簿記検定3級に1点差で落ちたことがあり、どうしても悔しかったことから、次に受験する時はあえて2級に挑戦し、満点で合格しました。私は悔しさをバネにすることができます。

　　→ 履歴書やエントリーシートで資格（日商簿記検定2級）について書いていれば、話題にしやすくなる。

資格❹

　資格を取得した日付、正式名称を記入します。例えば、運転免許は「普通自動車第一種運転免許」と記入します。就職活動に有利とされる資格の例として、TOEIC 730点以上（実用英語技能検定準1級以上）、日商簿記検定2級以上などが挙げられます。面接での話題が広がる可能性があるので、一般的に知られていない資格でも記入したほうがよいでしょう。迷った場合は記入するようにしましょう。

人気のある資格の正式名称

英検準1級→実用英語技能検定準1級
漢検2級　→日本漢字能力検定2級
簿記2級　→日商簿記検定2級
自動車運転免許一種　→普通自動車第一種運転免許

●悪い例

> 中学生でも取得できるような資格を書くと、マイナスの印象を与えてしまう。

　実用英語技能検定3級　（平成●年12月取得）

●良い例

> TOEICは730点以上が有利だが、600点以上なら語学力が多少あるのがわかるので書こう。エントリーシートでTOEICの点数の項目が個別に設けられている企業も増えている。

　TOEIC 600点（平成●年1月取得）

　日商簿記検定2級（平成●年6月取得）

　世界遺産学検定2級（平成●年12月取得）

> 有名ではない資格でも会話が広がる可能性があるので記入しよう。例えば、考古学を専攻している学生なら授業の話がしやすくなる。

自己PR（私の特徴） ❶〜❺、⓬〜⓳、㉑

　自己PRはエントリーシート、面接でも必ず聞かれる質問です。自己分析してわかった、「自分の一番の強み」をアピールしましょう。当然、まわりの学生も自分のことをアピールするので、いかに差別化できるかが問われます。そのため、誰でもしているようなことをアピールしても意味がありません。

　例えば、語学を学ぶための勉強時間、スポーツの練習量のみをアピールしても、その程度のことは誰もが同じように努力しているので、アピールとしては弱いと言えるでしょう。どのように頑張ってきたのかを、具体的に話さなければなりません。採用担当者が興味を持つのは「採用担当者の知らないこと」、つまり「あなたしかやってきていないこと」です。

　どんなに素晴らしい人でも、あなたと同じ考えや経験をすることはできません。あなたにしかない経験を書くことによって、他の人には書けない素晴らしい自己PRができるのです。

　自己PRを考える際には、2つのポイントを意識しましょう。それは、「自分が頑張ってきたこと」「結果」の2つです。例えば、「居酒屋のアルバイトで新メニューを提案し（自分が頑張ったこと）、売上が2倍にアップした（結果）」のようにも書けます。

　この2つを自己PRに盛り込むことによって、説得力がある自己PRになるのです。しかし、自己PRといっても「謙虚な姿勢」を持つことも大切です。例えば、サークルを立ち上げたとしても、メンバーの協力がなければ上手くいかなかったでしょう。自分ひとりの力ではなく、ほかのメンバーの協力があってこそ頑張れるのです。下の図のように自分がやってきたことの半分が、自分の力ぐらいに思っておいたほうがいいでしょう。

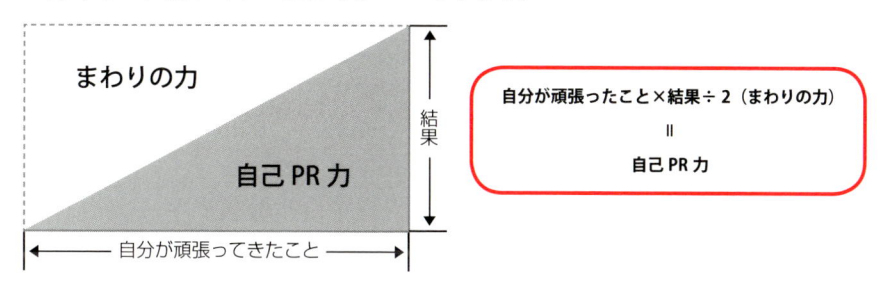

自分が頑張ったこと×結果÷2（まわりの力）
＝
自己PR力

自己PRをしていると、時には自慢だと思われて採用担当者に好ましくない印象を与えることもあるかもしれません。アピールの際には、ただ頑張ってきたことを述べるだけではなく、頑張ってきた「プロセス」を伝えるようにしましょう。担当者にはそれがどれくらいすごいことなのか、わからないのですから。最も共感しやすいのが、「困難なことを成し遂げた」ことです。困難だったプロセスを伝えることによって、「結果の素晴らしさ」を伝えましょう。そして、その中で学んだことや今後に活かせることを書くと、さらに魅力的な自己PRになるでしょう。

●悪い例

> 1000枚のビラ配りをして声をかけ、告知することによって部員を2倍に増やしました。

●良い例

> 部員不足のためにサークルがなくなりそうになり、勧誘も思うようにいきませんでした。それでも諦めずにじかに魅力を伝えようと、1人で1000枚のビラ配りをしながら声をかけて告知をしました。その結果、部員が当初の2倍になり、テニスサークルを存続することができました。

2つの例を図で表現すると…

●悪い自己PR

縦軸：自分の状況
横軸：文章の流れ

ただ成功体験（結果）のみを述べている。

●良い自己PR

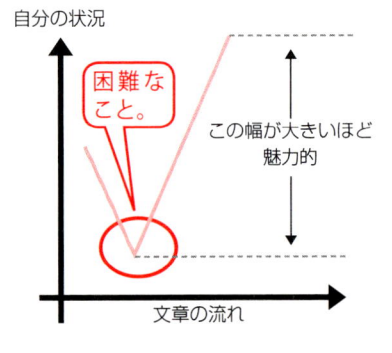

縦軸：自分の状況
横軸：文章の流れ

困難なこと。

この幅が大きいほど魅力的

自己PRの注意点

あいまいな表現をしない

自己PRは、一番の売りをアピールするものです。「～と思います」というようなあいまいな表現では、相手を不安にさせてしまいます。「私は～できます」「私は～します」というように断定口調にしたほうが相手も頼もしく思い、安心感があります。あなたの一番の売りを、自信をもってアピールしましょう。

当たり前のことを書かない

面接官に伝えても仕方がないことは、書いても意味がありません。例えば、「大学3年生の時に～」「～な人間です」などと書く人がいます。面接官は大学3年生に行ったことよりも、どれくらい続けているかに興味があり、また抽象的に「～な人間」とアピールしてもピンときません。安易な表現は、「やる気のなさ」を感じさせてしまうものです。例えば、「3年間継続しました」のように表現を工夫しましょう。

大学生時代のエピソードでアピールする

面接官は今のあなたがどのような人物なのかを知りたいので、自己PRは最近の出来事である大学時代のエピソードでアピールしなければなりません。例えば、高校時代にバスケットボール部で活躍していたとしても、大学で続けていなかったとしたらそのエピソードは説得力がありません。バスケット部での活躍をアピールするには、現在もしくは直近の出来事である必要があります。大学生時代のエピソードでアピールしましょう。

自己PRを使い分けない

志望する会社が求める人物像に合わせて、自己PRを変えてはいけません。自己PRとは、おおげさにいえば世界に1つしかない「自分の強み」です。一番の強みを伝えずに自分をアピールすることは難しいでしょう。もしも、志望企業が求める人物像に合わせようとすると、少なからず無理が生じます。自分の強みを活かせない会社で働いて意味があるでしょうか？　自己PRは、どの会社に応募するときも同じものでいいのです。

アピールする強みは1つ

自己PRでアピールする強みは、1つにしましょう。自分の強みを複数アピールしてしまうと、何を最もアピールしたいのか伝わりにくくなります。300文字程度の自己PRであれば、1つの強みについて、1つのエピソードで裏づけるぐらいのイメージで書きましょう。

■志望動機（その他自由記述欄）❻〜⓫、⓴、㉒〜㉕

　志望動機は、あなたがその企業に入社したい理由を説明するものです。よく勘違いしている人がいますが、志望企業の特徴や社員の方をほめればいいというものではありません。「社員の○○さんが素敵だった」「御社の商品が好きです」「御社の研修制度は素晴らしい」などとほめても、あなたの熱意は伝わりません。具体的に、「なぜ、その企業でなければいけないのか」「その企業に入社して何がしたいのか」を伝えなければならないのです。

　英語で考えてみると、わかりやすいでしょう。「Why did you apply to our company？（なぜあなたは弊社を志望しているのですか？）」と質問されているのに、答えの主語が「I（私）」ではなく、「Your company（企業名）」では答えになっていません。志望動機の主語は、「御社」ではなく「私」なのです。

●悪い例（食品業界の志望動機）

> 「商品を使用している」は誰でも言えること。

> 一人暮らしをしていて、あることにふと気づき、消費財メーカーに強く興味を抱きました。それは、私の利用しているほとんどの消費財が貴社の製品だったことです。その不可欠性を再認識し、生活を支える重要なパートナーであると感じました。また、貴社の積極的な従業員教育の理念と、私が企業に求めるものが一致しています。私はトレーニングを惜しまず、自分で考え、自分で行動する社会人を目指しています。新入社員にも仕事を任せてくれる貴社で自分を磨き、社会のニーズに応えていきます。

> 企業理念・研修制度をほめているだけ。

　志望動機を考える際には、2つの点を意識しましょう。それは、「自分の強み・価値観」「入社してやりたいこと」です。自分はどのようなことにやりがいを感じるのか、どのような強みを持っているのか、入社してどのような仕事をしたいのか。これらを意識していれば、「やる気」が伝わるものです。もちろん、実際に働いているわけではないので、本当に自分がやりたいことが実現できるかどうかはわかりませんが、だからこそ「やる気」を伝えます。

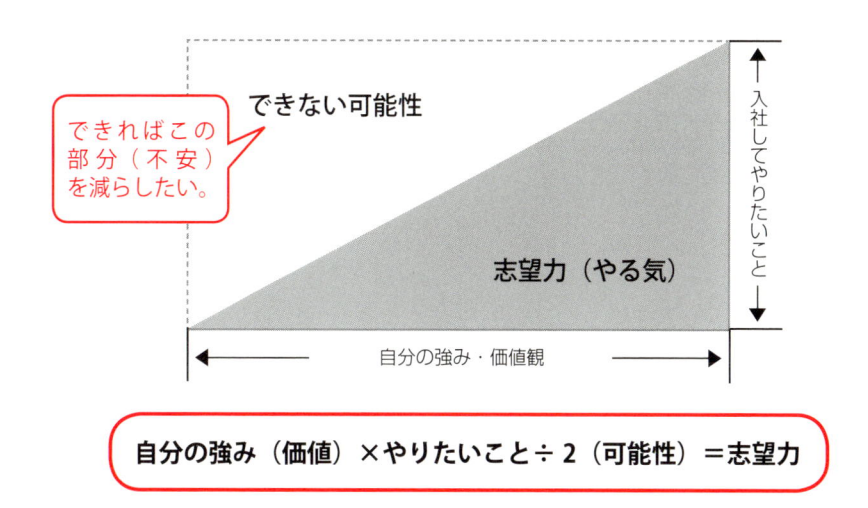

```
                              ↑
  できない可能性               入
          ┐                   社
          │                   し
 できればこの                  て
 部分（不安）                  や
 を減らしたい。                り
                              た
        志望力（やる気）        い
                              こ
                              と
                              ↓
  ←―――― 自分の強み・価値観 ――――→
```

自分の強み（価値）×やりたいこと÷2（可能性）＝志望力

　志望動機を書く際には、上図のように「自分の強み（価値観）」×「やりたいこと（可能性）」の2つの要素を入れるようにしましょう。次の志望動機は、2つの要素をうまく入れた例です。

● **良い例（住宅業界の志望動機）**

> 自分の経験（アピール）を書いており、自分の強み、価値観が伝わってくる。

> 私は営業をこよなく愛しているため志望いたしました。3年間、新聞の新規加入のアルバイトをしていた時にはトップセールスを記録しました。何度断られても「きっかけ」を作りながら地道に訪問し、3年連続でトップを維持してきました。貴社の商品は一生を左右する商品なのでセールスは難しいかもしれません。しかし、それこそやりがいを感じ、慎重になるお客様が安心していただけるような提案をしていきたいです。貴社でもトップセールスマンになれるよう頑張ります。

> お客様を意識し、企業研究しているのが伝わる。入社してやりたいことも語られている。

　自分がこれまでやってきたことがうまく述べられており、価値観も伝わってきます。そして、それを活かして、入社して何がやりたいかもしっかり述べられていて説得力があります。さらに良くするためには、「なぜ、その企業なのか」「企業の強み」「具体的なビジネスプラン」などを盛り込むといいでしょう。このように自己PR、企業研究（入社してやりたいこと）を意識して書くと、とても説得力がある志望動機になるのです。

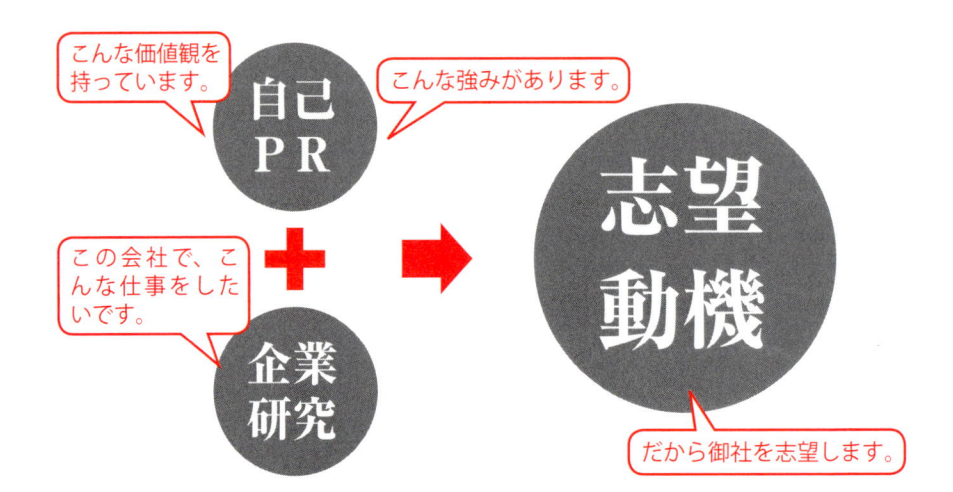

自己PR — こんな価値観を持っています。／こんな強みがあります。

企業研究 — この会社で、こんな仕事をしたいです。

＋ → 志望動機 — だから御社を志望します。

志望動機の注意点

どの会社にも当てはまる志望動機を書かない

志望動機は、どの会社でも通用するものではいけません。例えば、マスコミ業界を志望している学生の「メディアを通じて、多くの人に伝えたい」というような志望動機は、他の企業にも当てはまるものです。一番説得力があるのは、「自分のやりたいことがその会社でしかできない」というものです。そのように書くためには「その企業の強み」を考えるといいでしょう。強みは比較しないとわからないので、競合他社についても調べる必要があります。

やりたいことがお金になること

119ページの図を見てください。一般的に「自分がやりたいこと」「できること」「社会に求められていること」の3つの円が重なったところが、「適職」と言われています。「社会に必要とされていること（ニーズ）」があってこそ、ビジネスは成立するものです。社会に貢献することも大切ですが、ビジネスではお金になるかどうかが大切です。利益があるからこそ、社会貢献もできるのです。

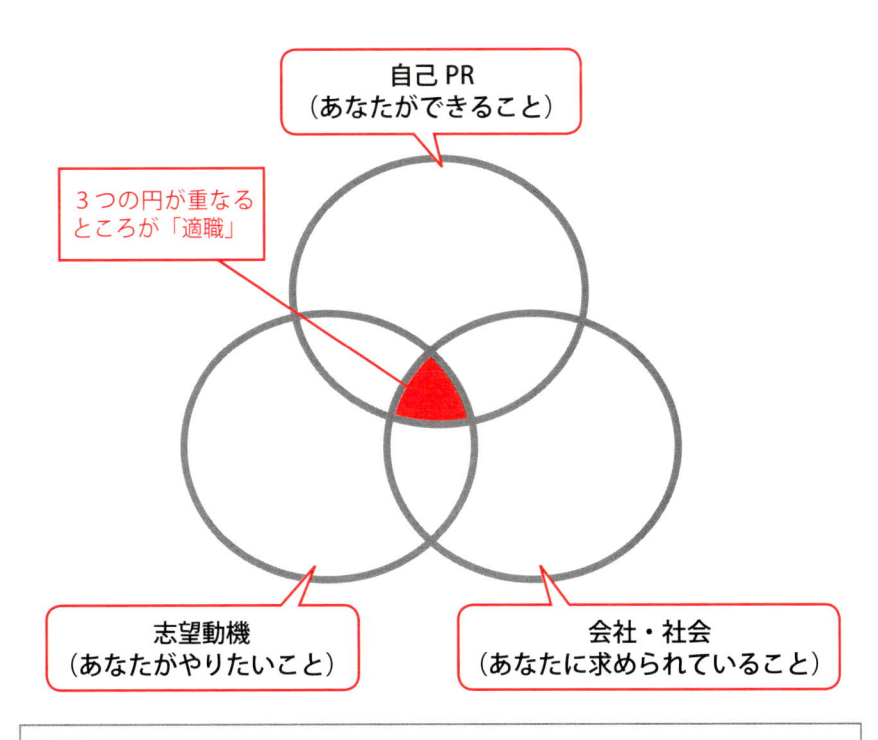

```
        自己PR
     （あなたができること）

3つの円が重なる
ところが「適職」

  志望動機              会社・社会
（あなたがやりたいこと）   （あなたに求められていること）
```

> **Q** エントリーシートと履歴書の自己PR欄の内容は同じでよいのでしょうか？

　エントリーシートを提出した後に履歴書の提出を求められることがありますが、エントリーシートと履歴書の自己PRは同じ内容で問題ありません。それぞれ異なる内容を記載してしまうと、どちらの内容がアピールしたいことなのか採用担当者もわからなくなってしまいます。伝えたいことを統一することで、印象にも残りやすくなります。文字数はそれぞれ違うので、自分の伝えたいポイントは外さないように書きましょう。

> **Q** 「以下のスペース（A4サイズ1枚程度）を使ってあなた自身を表現してください。表現方法は自由です」という設問の際、どの程度自由に記入してよいのでしょうか？

　あなたのことがわかるように、自由に表現してかまいません。ただ文章だけが並んでいるだけでは、読みづらくなる可能性があるので、イラスト、写真、図表、色鉛筆などを使用してもいいでしょう。しかし、気をつけなければならないのは、色使いやレイアウトなどセンスも問われていることです。いかに読みやすく書くかが大切です。もし不安であれば、雑誌、広告、WEBページを見るといいでしょう。読者が読みやすいようにデザインが工夫されているので、参考になるでしょう。

33 自己PRツリー

素晴らしい自己PRを作るためには自分なりの工夫、つまり、「自分にしかない体験」を書くことが大切。自己分析シート㉑からエピソードを1つだけ選び、自己PRで使えるエピーソードを以下の方法で引き出しましょう。どのように対処したのか（STEP 3）が「自分にしかない経験」である可能性が高いです。

自己PRツリー

- 笑顔で丁寧に断る。
- 違う話題をふる。
- ご飯に誘ってくるので、断るのがつらい。他のスタッフさんに聞かれたくない。
- 子どものこととなると、話しかけてくるご両親が多く、接客に時間が取られる。
- とにかく話を聞く時間を大切にした。
- 事務的仕事（手紙作成、入力業務）が多く、終わらないと他のスタッフさんに迷惑がかかってしまう。
- 作業効率を上げる。（PCのタイピングの練習・コピーの工夫・忘れ物整理は朝会員の方が来る前に完了 etc.）
- 年配の会員の方と話していると楽しくて時間が経ってしまう。
- とにかく話を聞く時間を大切にした。
- 休みのスタッフさんに悪いと思うけれど、すぐに携帯などに連絡して確認する。
- 接客と事務的仕事の両立

STEP 1 何が困難だったのかを記入しよう。

STEP 2 STEP1で挙げたことに対して、なぜ困難だったのかを記入しよう。

STEP 3 STEP2で挙げたことに対して、どのように対処したのか記入しよう。

（同じことを書いてもかまわない。）

STEP 1 (WHAT)：何が困難だったのか３つ記入
STEP 2 (WHY)：なぜ困難だったのか３つ記入
STEP 3 (HOW)：どう対処したのか、１つ以上記入

- 「ちょっと待ってくださいね〜」と冗談交じりに言えるような信頼関係を築いた。

> どのように信頼関係を築いたのか、もっと具体的に掘り下げてもいい。掘り下げるためには何度も「HOW（どうしたのか）」を繰り返すことが大切。

- 他の人と接客をしていても話しかけてくる。
- パチンコの話などを大きい声と汚い言葉遣いで話してくる。
- 冗談交じりに注意する。

苦手な会員さんと話すこと

困難だったこと（受付アルバイト）

- はじめて聞く内容に対するクレームだと焦るけれど、知っているように振舞わなければならない。
- 会員の方の話を聞きながら、自分の頭で整理する。繰り返して聞くことでしっかりと確認する。

クレーム対応

- 幅広い年代のクレーマーがいる。
- 対処しきれないものは支配人に回す。内容をわかりやすく伝える。
- 他の曜日のことやプールの中のことなど連絡もれがある。
- 相槌を打って、とにかくヒアリングをする。コーチに伝えて感謝された。理不尽なことでもいろんな意見の人がいるのだと思って、イライラしない。
- 何か気づいたことがあったら、必ず連絡ノートに書く。

第5章　履歴書・エントリーシートについて

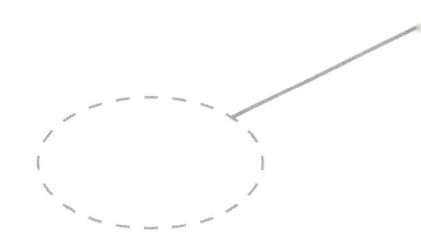

自己PRツリー

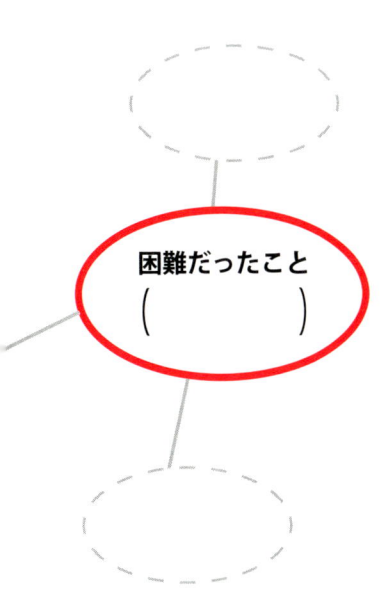

困難だったこと
(　　　　　)

34 自己PR確認シート

自己PRを作りやすくするように、自己PRツリーの内容を整理しましょう。

自己PR確認シート

①自分が自慢できる結果を出したことはありますか？（50字以内）

スポーツクラブの受付のアルバイトを4年間続け、1000件以上のクレームに対応し解決してきたこと。

> 自己PRツリーで選んだエピソード、自分が行ってプラスになったことなどを記入しよう。

②結果を出すためにどのような困難がありましたか？（文字数自由）

受付業務には1日1000通以上の手紙の作成や、会員の方の忘れ物の整理、50件以上のパソコンへの入力作業など事務的作業も多くあり、クレーム対応時間をつくることが大変でした。また、会費のクレームなど、私の判断だけでは解決できないクレームもありました。

> 自己PRツリーのSTEP 1、2の記入内容を見ながら記入しよう。

③その困難をどのように乗り越えたのですか？具体的に説明してください（文字数自由）。

コピーは休憩時間にコピー機を稼動し、パソコンのタイピングは家や学校で練習、忘れ物の整理は朝一番に行うなどの工夫により時間短縮に成功しました。その分、会員の方のお話はどんな些細なことであっても最後まで聞く姿勢を貫きました。その際、「この方はどうしてこんなに怒っているのだろう」と考えることも忘れませんでした。また、会費の問題などは支配人に伝えました。その際に、会員の方がもう一度説明をしなくてもいいように、わかりやすく伝える努力をしました。支配人が対応している様子を観察し、同じクレームが来た際にはその対応を活かしています。

> 自己PRツリー STEP3の記入内容を見ながら記入しよう。

④困難なことを通じてあなたはどのように成長しましたか、何を学びましたか？（文字数自由）

子どもの水泳教室の時間にはクレームが多くあったのですが、それはお母さんがお子さんのことを本当に大切に思っているからなのだと考えるようになりました。つまり、相手の気持ちを考えて理解することで、お互いに納得して解決できることを学びました。

> ①〜③で記入したことを見ながら書こう。

⑤あなたの強みを一言でいうと何ですか？（25字以内）

人の良い点を見て、話を聞くことができる。

> ①〜④で記入したことを見ながら、どのような力がついたのか考えて書こう。

自己PR確認シート

①自分が自慢できる結果を出したことはありますか？（50字以内）

②結果を出すためにどのような困難がありましたか？（文字数自由）

③その困難をどのように乗り越えたのですか？具体的に説明してください（文字数自由）。

④困難なことを通じてあなたはどのように成長しましたか、何を学びましたか？（文字数自由）

⑤あなたの強みを一言でいうと何ですか？（25字以内）

35 自己PR作成シート

自己PR確認シートを見ながら、実際に自己PRを記入しましょう。最初に強み（結果）、その次にエピソード、学んだことの順で書くと、流れがわかりやすく、説得力がある自己PRになります。

自己PR作成シート

> 私は聞く姿勢を大切にしています。スポーツクラブの受付のアルバイトを4年間続けています。事務作業も多い中、今までに1000件以上のクレームを解決してきました。会員の方のお話をうかがう時間を大切にしたことで、思いを受け止める心の余裕を持てるようになりました。例えば、子どもの水泳教室の時間にはお母さんから、お子さんの進級についてのクレームがありました。しかし、お子さんの成長を望んでいるからこそ、そのようなクレームが生じるのだと考え、心から謝ることができました。このような経験から、どんな人にでも良い所があり、それを見ることでお互いに納得し解決できることを学びました。今では、クレームを受けた会員の方とも笑顔で会話を楽しんでいます。

自己PR確認シートの⑤、①、②、③、④の順番で記入すると書きやすい。

自己PR作成シート

自己PRチェックシート

自己PRにありがちな間違いです。1つでも該当していたら、自己PRを書き直しましょう。

- [ ] 「思います」のような、あいまいな表現をしている。
- [ ] 自分にしかわからないような固有名詞（ex. サークル名）を使ったり、専門用語を使用している。
- [ ] 「大学時代に〜」「〜な人間です」「私の強みは」など当たり前のことを書いている。
- [ ] 大学時代以外のエピソードでアピールしている。
- [ ] ○○性、○○力など、安易な表現をしている。
- [ ] 自分のサークルや部活動を他のサークル、部活動に置き換えても意味が通る（ex. テニス部→サッカー部）。
- [ ] 「私は」という言葉が何度も出てくる。
- [ ] 1つの自己PRに複数の強みをアピールしている。
- [ ] アピールポイント（強み）を結論から書いていない。
- [ ] マイナスなことを書いている。
- [ ] 誤字脱字、「話し言葉」で書くなどマナーを守っていない。
- [ ] 一文当たりの文字数が長く（80文字以上）、声に出すと読みづらい。

36 志望動機ツリー

素晴らしい志望動機を作るためには自分の得意なこと、好きなこと、そして、「自分の価値観」を伝えることが大切です。強み再確認シートから好きなこと、得意なことを3つ選び、志望動機で使えるエピソードを以下の方法で引き出しましょう。

志望動機ツリー

STEP 3
どのように好きなこと、得意なことを活かして仕事をしたいのか、を記入しよう。

STEP 2
STEP 1で挙げたことに対して、なぜ好きなのか、得意なのか記入しよう。

STEP 1
何が好きなのか、得意なのか記入しよう。

- 誠意を持って聞く姿勢を大切にし、お客様・取引先との信頼関係を築きたい。
  - 小学校の頃から、「よく話を聞いていますね」とほめてもらっていた。

- 人事として学生の皆さんに親身になり、感謝されるような採用をしたい。
  - テスト前などに、ノートを貸して、「ありがとう」と感謝してもらうことが嬉しかった。

- 笑顔・人に喜んでもらうこと

- 素晴らしい接客ができる人材を育成していきたい。
  - 地元の駅員さんに冷たい接客をされて、不快な思いをしたから、相手にそんな思いをさせたくないと思った。
  - 不満を解消するのが仕事になることもある。
  - 接客のアルバイトで、忙しくて心に余裕がない時でも、お客様の感謝の笑顔を見るとやる気が出てくる。

- どんな時にお客様に喜んでもらえるのかを自分で確かめ、ソフト・ハードあらゆる面からサポートし、笑顔を増やしたい。

- 直接人と会って、悩みを共に解決し、笑顔を増やしたい。

STEP 1 (WHAT)：何が好きなのか、得意なのかを3つ記入
STEP 2 (WHY)：なぜ好きなのか、得意なのかを3つ記入
STEP 3 (HOW)：どのように好きなこと、得意なことを活かして仕事したいのか1つ以上記入

得意なこと 好きなこと

人の話を聞く

- 直接お客様と接することで、求めているものは何かを読み取りたい。そして、それに正確に応えていきたい。
- 受付のアルバイトでクレームを受けても、じっくり話せば相手の良いところも見えてくるので、わかり合えると思った。
- 営業として、お客様のニーズを聞き、会社に貢献したい。
- 研究中、学会などで、分野の違う人の話を聞くことで、やるべき実験が見えてきた。
- 異なる職種、会社、年齢などの人と出会える仕事がしたい。

> 普段の何気ない行動にも自分の価値観があらわれる。

時間を大切にする

- 通学時間が長く、その間に溜まっていたメールの返信などして、移動時間も無駄ではないと思った。
- 接客のアルバイトを通して、自分で調整できるのはお客様との時間ではなく、事務作業だとわかった。
- OB訪問した時に、「仕事の時間を決めるのは、すべて自分次第」という言葉を聞いた。
- 長い移動時間も無駄にならないようなサービスを開発したい。
- お客様が自分の作業を効率よくこなせるよう、サポートできるような技術を開発したい。
- 同僚の仕事のスケジュールがスムーズに進むよう、手助けをしたい。

第5章　履歴書・エントリーシートについて

志望動機ツリー

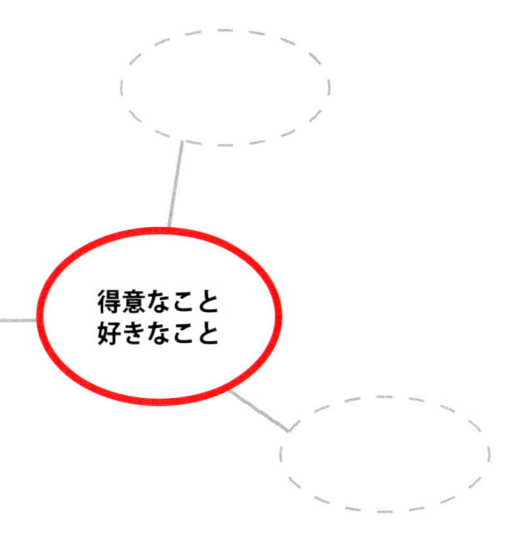

得意なこと
好きなこと

37 志望動機確認シート

志望動機を作りやすくするように、志望動機ツリーの内容を整理しましょう。

志望動機確認シート

①どの会社に入社したいですか？

JR東海

> 企業研究シートを見ながら書こう。箇条書きでもいい。

②その会社の強みは何ですか？（文字数自由）

・東京〜新大阪という狭い区間にもかかわらず、一番利用者が多い＝多くの人に出会える
・女性のことも考えている(産休が3年など)
・人を育てるのに力を入れている
・新幹線がメイン事業で、日本で唯一の高速鉄道会社だと言っていた

③その会社の強みを活かして、入社して具体的に何がしたいのですか？（文字数自由）

より多くの人に、安全・安心・確実・快適な移動時間を提供したい。特に在来線と新幹線の乗り継ぎで、ホームからホームに移動した時にちょうど電車が来るようなダイヤをつくりたいです。また、のぞみN700系をより増発させつつ、各駅停車でしか止まらない駅に来る電車の数は変わらないようなダイヤを作成したいです。
将来的には、現在開発中のリニアモーターカーの運行管理にも関わりたいと思っています。

> 志望動機ツリーのSTEP3の記入内容を見ながら記入しよう。

④なぜ、それがしたいのですか？ 実体験をふまえて説明してください（文字数自由）。

東海道新幹線の利用者の多くはサラリーマンの方です。社会人の方と話す機会が増えるにつれて、いかに「時間」が大切かを学びました。私自身も接客のアルバイトを通じて、時間の大切さを学びました。接客なので、クレームを受ける機会が多くあります。クレームに誠意を持って対応するには長時間を要しました。その時間を確保するために、自分なりの工夫をしたことで、事務作業時間の短縮に成功してきました。つまり、自分の努力で作業時間を変えることはできますが、電車や車での移動時間はどうしようもありません。特に車は不確実です。また、海外旅行に行った時には日本の鉄道の正確さには驚かされました。しかし、もしかしたらもっと良いダイヤの組み方があるかもしれません。実際に自分で乗車するお客様の意見を聞くことで、より良いダイヤの作成をしたいと思いました。

> 志望動機ツリーのSTEP1、2の記入内容を見ながら記入しよう。

⑤あなたがやりたいことを一言でまとめると何ですか？（25字以内）

多くの人の心に余裕を与えたい。

志望動機確認シート

①どの会社に入社したいですか？

②その会社の強みは何ですか？（文字数自由）

③その会社の強みを活かして、入社して具体的に何がしたいのですか？（文字数自由）

④なぜ、それがしたいのですか？ 実体験をふまえて説明してください（文字数自由）。

⑤あなたがやりたいことを一言でまとめると何ですか？（25字以内）

38 志望動機作成シート

志望動機確認シートを見ながら、実際に志望動機を記入してみましょう。「志望理由」→「エピソード」→「やりたいこと」という順で書くと、流れがわかりやすく、説得力がある志望動機になります。

志望動機作成シート

> より多くの方に心のゆとりを提供したいので、志望いたしました。私は接客のアルバイトで、事務作業の時間を短縮できたからこそ、心にゆとりを持つことができ、多くのお客様のクレームにも対応することができました。つまり、心のゆとりとは、時間のゆとりだと考えています。そこで、一番の利用者数を抱える貴社のダイヤ作成に興味を持ちました。移動時間は自分で変えることはできません。しかし、ダイヤの組み方によって、もっと時間に余裕をもって移動できる方が増えるかもしれません。車掌や駅係員を経験する間に、お客様の状況を汲み取り、ゆとりを持って旅行や仕事ができるような環境をお届けしたいです。

志望動機確認シートの⑤、④、③（②）の順番で記入すると書きやすい。

志望動機作成シート

志望動機チェックシート

志望動機にありがちな間違いです。1つでも該当していたら、志望動機を書き直しましょう。

- [ ] 「思います」のような、あいまいな表現をしている。
- [ ] 具体的に自分がやりたいことが書かれていない。
- [ ] 自分のやりたいことがお金にならない。
- [ ] 自分のやりたいことが今までの経験で裏づけられていない。
- [ ] 「企業の商品を使用している」「御社の商品が好き」など、消費者の視点で書かれている。
- [ ] OB・OGをほめているだけである。
- [ ] 研修制度をほめているだけである。
- [ ] どこの企業にでも提出することができる。
- [ ] 誤字脱字、「話し言葉」で書くなどマナーを守っていない。
- [ ] 一文当たりの文字数が長く（80文字以上）、声に出すと読みづらい。

39 内定を確実にする「最終確認シート」

面接において、「○○のような仕事がしたい」などと発言する機会もあるでしょう。その時は、本当にそれができそうかどうか、自分の強みや価値観をアピールしないと説得力がありません。例えば「プロ野球選手になりたい」と唐突に言われても納得できませんが、その後に「甲子園で優勝した」と言われたら納得するでしょう。志望動機と自己PRが一致していると説得力が増すので、確認しておきましょう。

最終確認シート

	【鉄道業界（JR東海）】	【インフラ業界（昭和シェル石油）】
未来（〜したい）	ダイヤの作成・車内の開発を行いたいです。まず、駅係員や車掌としてお客様と直に接し、移動中にしたいことは何なのか、乗り換え時間にはどれくらいの時間がかかるのかなど、現在の問題点を自分の目で確かめ、より良い運行環境を提供したいです。将来的には、人材育成も含め、ハード・ソフト両面からお客様をサポートしていきたいです。	私は最新技術を開発していくよりも、既存のものを維持・改善していきたいです。売り込みに行くのではなく、悩みや問題点・世の中にはどのようなニーズがあるのかを聞き出し、共に解決していけるような営業を行いたいです。
価値観		人の良いところを見て話を聞くこと 人に喜んでもらうこと 時間を大切にする
過去（〜してきたから）	自分の優先すべき時間があると思っているからです。例えば、クレームに対して誠意を持って聞くには心の余裕が必要です。そこで、事務作業をしなくてよい時間をつくるために、コピー方法などを工夫して時間短縮を行ってきました。また、私は通学時間が長いです。その電車の中で、たまっていたメールの返信など、移動中でもできることを実行してきました。その分、学校では友人と話し、勉強する時間を多く取ることができました。このように、より多くの人に心のゆとりを与えられたら幸せです。	人の笑顔を見ることが好きだからです。スポーツクラブの受付のアルバイトではクレームの対応や事務的作業も多く、心に余裕がない時があります。しかし、それでも会員の方の話を聞くことを第一に考えてきました。聞く時には、相手の気持ちを考えて聞いています。例えば、子どもの水泳教室の時間にお母さんたちのクレームが多いのは、子どものことが心配だからこそと思って聞いていると、やはりそうだということがわかりました。そのように、良いところを見て話を聞けば解決できることが多くなり、その時の笑顔を見ると、仕事を頑張れます。

（吹き出し注釈）
- 志望業界（企業名）を2つ記入。志望動機ツリー STEP 3 を見ながら、やりたいことを記入。
- 志望動機ツリー STEP 1 や強み再確認シートを見ながら得意なこと、好きなことを記入。
- 自己PRツリーや自己分析ワークシート㉑番を見ながら、なぜ得意なのか、好きだと思うのかを記入。

最終確認シート

	【　　業界（　　　　　）】	【　　業界（　　　　　）】
未来（〜したい）		
過去（〜してきたから）		

40 履歴書(自己紹介書)作成シート

最後に今までに書いたことをまとめます。仕事に必要な要素(自己分析ワークシート❷)を意識し、履歴書全体を使用してアピールしましょう。

履歴書(自己紹介書)作成シート

●●大学	●●学部	平成●年3月卒業見込み
得意科目	光触媒による悪臭の除去:光が当たることで悪臭物質を分解できる機能を有する光触媒表面を処理することにより、生ゴミから発生するガスの除去率を向上させる研究を行っております。学会に参加した際、奨励賞を受賞することができました。	
クラブ活動 委員活動 スポーツなど	テニスサークル。初心者でしたが、1年以内に試合に出ることを目標とし、授業や課題に追われても、練習には休まず参加しました。その結果、1年で試合に出場ができ、今ではサークルの女子の中ではナンバー1です。	向上心
趣味	アカペラ(全日本合唱コンクール県大会金賞受賞経験あり)。歌を通して様々な人と接する楽しさを知ることができました。歌うことで相手との距離を縮めることができます。	サービス精神
自覚している性格	物事に対してコツコツと取り組みます。中学校、高校と6年間皆勤賞をいただき、大学に入ってからも授業を休んだことはありません。毎日、授業を復習することを欠かさず、成績の9割はA評価でした。	
資格	普通自動車第一種運転免許取得(平成●年9月) TOEIC600点(平成●年1月)	責任感
志望動機	「より多くの方に心のゆとりを提供したい」ため、志望いたしました。私は接客のアルバイトで事務作業の時間を短縮できたからこそ、心にゆとりを持ち、お客様のクレームにも対応することができました。つまり、心のゆとりとは時間のゆとりだと考えています。そこで、一番の利用者数を抱える貴社のダイヤ作成に興味を持ちました。移動の時間は自分で変えることはできません。しかし、ダイヤの組み方によって、より時間に余裕をもって移動できる方が増えるかもしれません。車掌や駅係員を経験する間に、お客様の状況を汲み取りながら、よりゆとりを持って旅行・仕事ができるような環境をお届けしたいです。	
自己PR	私は「聞く姿勢」を大切にしています。スポーツクラブの受付のアルバイトを4年間続け、今までに1000件以上のクレームを解決してきました。会員の方のお話を伺う時間を大切にしたことで、思いを受け止める心の余裕を持てるようになりました。例えば、子どもの水泳教室の時間にはお母さんから、お子さんの進級についてのクレームがありました。しかし、お子さんの成長を望んでいるからこそ、そのようなクレームが生じると考えると、心から謝ることができました。このような経験から、どんな人にでも良い所があり、そこを見ることでお互いに納得し解決できることを学びました。今では、クレームを受けた会員の方とも笑顔で会話を楽しんでいます。	コミュニケーション力

自己紹介書

大学　　　学部	平成　年　月卒業見込み
得意科目	
クラブ活動 委員活動 スポーツなど	
趣味	
自覚している性格	
資格	
志望動機	
自己PR	

41 面接シート

あらかじめ話す内容を紙に書いたり、話したりすると、その場で考えなくても済むので安心して面接にのぞめます。今まで「書き言葉」で記入したものを「話し言葉」で書き、原稿をつくってみましょう。文字数の目安は、1分間で300文字程度になります。

面接シート

自己PR	学生時代頑張ってきたこと
聞く姿勢を大切にしています。スポーツクラブの受付のアルバイトを4年間続けています。事務作業も多い中、今までに1000件以上のクレームを解決してきました。例えば子どもの水泳教室の時間には、お子さんの進級についてのクレームが多くありましたが、お子さんの成長を望んでいるからこそ、そのようなクレームが生じるのだと考え、心から謝ることができました。このような経験から、どんな人にでも良い所があり、そこを見ることでお互いに納得し解決できることを学びました。今では、クレームを受けた会員の方とも笑顔で会話を楽しんでいます。	会社経営を体験する授業の一環として文化祭に出店しました。飲食店では競合相手が多すぎると考え、性格診断というサービスを提供することに決定して、中でも「声の周波数から性格を診断する声紋診断」が一番の売りでした。私は店内のレイアウトの担当として、お客様は入ってきたらどのように行動するのかを検討、声紋診断に足が進むように机の配置を考えました。結果、声紋診断が一番の人気となり、珍しいと口コミでも広がり大繁盛、授業の中で一番の売上を達成できました。
長所（強み）	
物事に対し、コツコツと取り組むことが好きです。中学校、高校と6年間皆勤賞をいただき、大学に入ってからも授業を休んだことはありません。毎日、授業を復習することを欠かさず、成績の9割はA評価でした。	
志望動機	**入社してやりたいこと（具体的なアイデア）**
仕事を通して、より多くの方に心のゆとりを提供したくて志望しました。私は接客のアルバイトで、事務的作業の時間を短縮できたからこそ心にゆとりを持ち、クレームに対応することができました。つまり、心のゆとりとは時間のゆとりだと考えます。そこで、一番の利用者数を抱える御社のダイヤ作成に興味を持ちました。移動の時間は自分で変えることはできません。しかし、ダイヤの組み方によって、より時間に余裕をもって移動できる方が増えるかもしれません。車掌や駅係員を経験する間に、お客様の状況を汲み取りながら、よりゆとりを持って旅行・仕事ができるような環境をお届けしたいです。	まず、駅係員や車掌として、直にお客様と接し、移動中にしたいことはなんなのか、乗り換え時間にはどれくらいの時間がかかるのかなどを自分の目で確かめてみたいです。それから、在来線と新幹線の乗り継ぎで、ホームからホームに移動するとちょうど電車が来るようなダイヤを作ったり、最近増発された「のぞみN700系」をさらに増発させつつ、各駅停車しか止まらない駅に来る電車の数は変わらないようなダイヤを作成したいです。さらには、その作成したダイヤの広報活動を自ら行うことで、よりお客様にわかりやすい宣伝活動を行っていきたいと考えております。

注記：
- 自己紹介書（自己PR）を見ながら記入。
- 自己紹介書（自覚している性格）を見ながら記入すると書きやすい。
- 自己分析ワークシート⓬～⓰を見ながら記入すると書きやすい。
- 面接を想定して回答しましょう。
- 自己紹介書（志望動機）を見ながら記入。
- 「具体的にやりたいことは？」などと聞かれることがある。「他には？」のようにアイデアを複数求められる場合もあるので、たくさんアイデアを考えておこう。

> 「人生で最大の失敗は？」など聞かれることがある。自己分析ワークシート❻を参考にしよう。

失敗体験

大学2年生の時、授業がほとんどなく、自由な時間がたくさんあったのにもかかわらず、特に何もせず無駄な時間を過ごしてしまったことが失敗したと思うことです。今になって、海外旅行にたくさん行く、英会話教室に通う、趣味である音楽を習いに行くなど、やりたいことがたくさん出てきています。今度は後悔しないように、残りの学生生活でチャレンジしてみたいです。

短所（弱み）

優柔不断なところです。人の意見に合せてしまうことがあります。しかし、まわりの人の意見をしっかり聞いてから判断します。受付のアルバイトでクレームがあった時にはお客様が満足するまで話をずっと聞いてきました。

> 自己分析ワークシート❿を見ながら記入。短所を話す場合はただ話すのではなく、前向きにとらえる、もしくは、改善しようとしてる姿勢を伝えると良い。

志望企業への質問

・総合職として、すべての仕事を知るために、車掌や駅係員の経験をさせていただけることにとても魅力を感じています。ところで、その期間が、人によって違うようなのですが、それはどういった理由からなのでしょうか？
・総合職ではすべての部署の仕事をさせていただけるとお伺いしたのですが、自分が行きたい部署へ行ける確率はどのくらいなのでしょうか？また、一度離れた部署にもう一度戻ることは可能なのでしょうか？

> 面接で「最後に質問があればどうぞ」と聞かれることがある。やる気を見られているので、あらかじめ質問を考えておこう。面接官から質問されずに、終始面接官に質問する「逆面接」もありうるので質問はたくさん考えておこう。

面接シート

自己PR	学生時代頑張ってきたこと
長所（強み）	
	面接を想定して回答しましょう。
志望動機	**入社してやりたいこと（具体的なアイデア）**

失敗体験

短所（弱み）

志望企業への質問

Q&A

Q 面接で緊張してしまうのですが、どうすればよいでしょうか？

　自分のこれからがかかっている面接となると、緊張しない人のほうが少ないでしょう。しかし、面接官も同じ人間、あなたと変わりません。もし、極度に緊張してしまう場合、面接官が自分と変わらない行動をしているところを想像してみましょう。食事をしている姿、怒られている姿でも何でもかまいません。「同じ人間」だと思えれば、少しはリラックスできるでしょう。

　また、面接では、わざわざ難しい言葉を使ったりして無理に自分を飾ろうとする必要はありません。丁寧な言葉づかいで、思っていることを採用担当者にしっかり伝えられれば、多少話すのにつまったところで問題ありません。完璧な会話なんて目指さなくていいのです。大切なのは、面接前にしっかりと準備しておくことです。模擬面接などを繰り返して、面接の雰囲気に慣れておくのもいいでしょう。本番で模擬面接と同じ質問をされたときに、ゆとりを持って答えることができます。

Q 一次面接は通過するのですが、そのあとがなかなかうまくいかないのですが…

　一般的に、面接が進むにつれて面接官の職位が上がり、面接時間も長くなっていくなど違いはあるかもしれませんが、面接に落ちるということは何か原因があるはずです。まずは何が悪かったのかを反省してみましょう。また、落ちた面接でも「何か良かった点はなかったのか」を考えてみることです。落ちた面接すべてが悪いわけではありません。良かった点、悪かった点があるでしょう。良かった点は継続して、悪かった点は二度としないようにしましょう。

　面接に通ると嬉しいものですが、そんな時こそ気を引き締めなければいけません。目的は一次面接に通過することではなく、内定をもらうことなのです。こういう時こそ、「なぜ一次面接を通過できたのか」と振り返ってみましょう。結果が悪かった時に反省する人はいても、なかなか良い時に反省する人はいないものです。次回の面接でもそのポイントを意識すれば、通過する可能性が高くなるでしょう。

Q 志望動機や自己PRを面接で聞かれたら、エントリーシートと同じことを言ってよいのでしょうか？

　同じことを言ったほうがよいです。エントリーシートと違うことを言ってしまったら、一貫性がなく説得力もなくなってしまいます。ただ、せっかくの面接なので、エントリーシートで伝えきれなかったことまで話すと面接官の関心が高まるでしょう。就職活動をしていると、選考中に提出したものより良い自己ＰＲ、志望動機を思いついて、話したい内容が変わってしまうこともあります。その場合も、エントリーシートで提出した内容と関連させながら話しましょう。

付録
自己PR事例集

自己PR事例集

この事例集はブログや勉強会での事例から厳選しました。自己PRを作成する際に参考にしてください。「自分が頑張ってきたこと（困難だったことを乗り越えた経験）」「結果（成果や学んだこと）」の2つを入れることがポイントです。構成を考える際に、「困難だったこと（困難）」「自分が行ったこと（実行）」「自分が実行した結果（成果）」「結果から学んだこと・どう活かしていくのか（学び）」が入っている文章だと一番よいでしょう。素晴らしい自己PRは、大きく3つのタイプに分けられます。

1.「実行＋成果」型

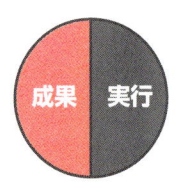

自分が頑張ってきたこと、その結果が書かれている自己PR。どれだけ素晴らしいアイデアを出したのか、実施してきたのか、どう成果を残したのかをアピールするインパクト勝負の自己PR。ただの事実の羅列や説明、自慢にならないように注意しよう。

2.「困難＋実行＋成果」型

困難だったことに対して、自分がどうしてきたのか述べ、そして、その結果どうなったのかを書いた自己PR。ストーリー性があり、とてもわかりやすい。困難だったことが誰から見ても困難であることを伝えると、自分の実行したことの素晴らしさが伝わる。

3.「困難＋実行＋成果＋学び」型

困難だったことを乗り越えた経験、その結果だけではなく、それを今後どう活かしていくのかまで書いた自己PR。どのように働くのかイメージしやすく、わかりやすい。250文字程度の自己PRの場合、無理に書こうとすると文字数が少なく、エピソード（困難、実行、成果）の内容が薄くなるので注意。

イベント企画

私の行動力で自慢できることはゼロから創造したことです。例えば、ダンサー同士の交流の場がない地元にイベントを創りました。活動当初はライブハウスに設備やマナーの問題で開催を断られました。^①しかし、毎週足を運び熱意を伝えるだけなく、イベントを受け入れることによるお店の売上向上や、マナー・設備の具体的な対応策について提案し、了承していただきました。その他出演者集めや広報活動の結果、延べ7回で観客1500名を動員、床の張替え等の設備投資、^②会場代を負担する飲料メーカーの後援を取り付け、「継続的なダンス文化」を創造しました。

①毎週足を運ぶだけでなく、具体的な提案をするなど、イベントにかける熱意が伝わってくる。
②イベントを1回で終わらせずに、維持させるための仕組みを考えるなど、視野の広さが感じられる。

書道

粘り強さに自信があります。私の通う書道教室では途中で辞める人も多いのですが、私は^①「12年間」書道を続けています。一画でも失敗すれば初めから書き直すという信念のもと、先生に「よく書けている」と言われても、自分が納得いくまで検定用の作品を何度も書き直してきました。教室は1時間しかないため、^②家でも練習を行い、集中している時は気づけば3時間以上経過していることもあります。毎日欠かさず書き続け、^③誰よりも早く五段を取得できました。今後もこの粘り強さで何事も最後まで取り組んでいきます。

①年数を書くことにより、継続力があることがわかる。
②嫌味にならないような表現で「集中力」をアピールしているので良い。
③どれだけ五段を取ることが難しいのか説明してもよかったかもしれない。

アクセサリー製作

私は常に「もっと」を考えます。例えば、金属製のネックレスを、①金属アレルギーの友人でも使えるようにとデザインを研究したことがあります。東京中の材料店を回り、何度も試作を重ねた結果、元のデザイン以上に友人に喜んでもらうことに成功しました。また、②口コミで「このようなものを作ってほしい」と注文を貰えるようになり、希望に応えられるようにと色彩検定2級も取得しました。③今では原価500円ほどのネックレスが2000円で売れることもあります。このように人に喜んでもらうために自分の力を使い、伸ばすことを惜しみません。

①思いやりや人柄が伝わってくる。
②資格を取得したことにより「向上心」があることがわかる。
③結果を金額で換算することにより、作品を見なくても、素晴らしいアクセサリーを作っているのがわかる。

映像制作

①『迷わず行けだ！』が私のモットーです。思い立ったら、すぐトライします。俳句の美しさに感銘を受けた時は、映像作品にして思いを表現しました。松尾芭蕉の夏の句を題材に、夏の陽射しの下、森の中を駆ける少年を描いたドラマを制作。芭蕉も感じていたであろう日の光を浴びながら2週間撮影を行い、②朝から晩まで睡眠3時間で編集作業を行いました。5分間という短い作品でしたが、汗をたっぷりかいた分、爽やかな作品に仕上げることができ、観客に五・七・五の思いを届けることができました。興味を持ったら、まず行動。③これが池田です。

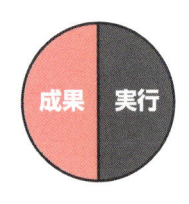

①自己PRなので「私のモットー」は書かなくても伝わるので必要ない。
②体力をアピールできている。
③「迷わず、行けだ」というキャッチフレーズのオチがあり、印象に残りやすい。

海外ボランティア

私はどんな状況でも調整できます。オーストラリアの熱帯雨林地帯で2ヶ月間「植林ボランティア活動」を行いました。メンバー全員が違う国の人々で、初めはメンバー間の衝突がたえませんでした。①日本人初のボランティアリーダーとして、常にチームの重要性をメンバーに訴え続け、②他のメンバー就寝後の1時間に、1日の反省、チームの問題点をノートに書き、対策を実行しました。③例えば、共同で木を切るグループワークを企画し、皆で「楽しく協力する」機会を設けました。その結果、「仕事が楽しくなった」と皆の理解が得られ、20チーム内で最優秀チームに選ばれました。

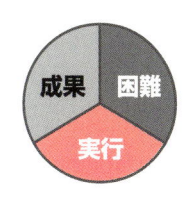

①第一人者のような表現はとても興味がわきやすい。
②誰よりも真剣に頑張ってきたのかが伝わり、「責任感」があることがわかる。
③具体的な企画・意図が書かれているのでわかりやすい。

塾講師アルバイト

私は一度決めた目標に向かって努力します。塾講師としてアルバイトをしていた際、臨時に担当教科以外の科目を任されたことがあります。それでも「生徒全員を志望校に合格させるぞ」と意気込み、①1日3時間の勉強、上手な先生の授業の録音、講習への参加、生徒一人ひとりの弱点に合わせたオリジナルプリント作成などを実施しました。常に改善してより良い授業にしようと、②毎回授業ではアンケートを行い、4ヶ月後には、生徒18名中17名から「大変わかりやすかった」との評価をいただきました。そして、生徒が志望校に100％合格するという結果を残しました。

①もう少し、自分が行ったことを具体的に説明してもいいかもしれない。
②アンケート結果、他の人の言葉など他人からの評価は説得力がある。

コンビニエンスストア・アルバイト

「おかし」なところを見つけたら改善すべく努力します。

①私は6年間続けているコンビニエンスストアのアルバイトでお菓子の発注から棚作りまで任されています。この仕事を任された時、お菓子の売れ行きがよくありませんでした。そこでお菓子の売れ筋ランキングを独自に作成しました。そして、②自分ですべてのお菓子を試食し、味の特徴を書いた手書きPOPを作り、お客様の目に留まるようにしました。その結果、売上げが1.5倍に増加しました。③この経験によって、努力すれば必ず成果が生まれることを実感できました。これからもどんな問題でも解決すべく、努力していきたいです。

①アルバイトの期間と仕事の内容から、真剣にアルバイトを行っていたことがわかる。
②自ら経験して、企画に活かそうとする姿勢はとても大切。
③自分が学んだことが書かれており、仕事でも同じような姿勢でのぞんでくれそうなことが伝わってくる。

ボランティア

私は「関心仕かけ人」です。所属するNPO法人で新聞社の方と「言語技術の新授業プログラム」を開発し、①小・中学校で授業を行いました。②いかに興味がない子どもに関心を持ってもらうかを考え、記者の「生」の技術を伝授するため取材現場を訪問し、記者の方に「コツ」を逆取材しました。さらに授業用のビデオ教材の作成を提案し、「ドラマ仕立て」のビデオを使用しました。

今後は全国展開する予定です。人の気持ちを察し楽しませること、その力を伸ばす努力は怠りません。

①どれだけ学校をまわったのかを書くとよいかもしれない。
②結果を自分で述べるのではなく、他人からの評価(子どもの評価)を書くと信頼性が増してよい。

ゼミ

私は冷静なプランニングができます。ゼミの懸賞論文ではリーダーとして銀行の新たなビジネスモデルの開発に取り組みました。最初は若年層向けの案を考えたのですが、実現性のないものばかりで方向転換が必要となりました。①そこで締め切りを考慮し、やるべきことを明確にして全体のスケジュール表を作成して配り、大学生500名分のアンケートを行いました。②特に「第三者の意見」を大切にし、会議では他のゼミ員に参加してもらうなど、モチベーションの維持、活性化を図りました。その結果、③第2の通貨「HOMONEY」によるポイントサービスを提案し、最優秀賞をいただきました。

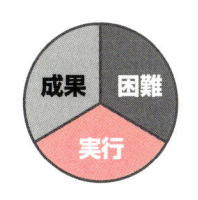

> ①具体的にアンケート数を書くことにより「大変さ」と「意気込み」が伝わってくる。
> ②仕事には会議がつきものだが、実際に働いても積極的に取り組み、良い雰囲気にするなど活躍してくれそう。
> ③具体的なサービス名のみを書くことにより興味がわいてくる。

海外インターン

私は絶対にあきらめず、粘り強いです。アメリカ留学中にレーシングチームの立ち上げに参加しました。その中で、チームの宣伝カーをレーシングカーに見立てて作り、費用は車体に貼る企業のネームステッカーからの広告収入で補う①「コスト0広告カー」を提案しました。しかし、インターン生の意見はまったく相手にされず、私は勤務後に自ら地元企業に企画書を持って回りました。②アジア人というだけで門前払いされることもありましたが、20社以上の企業を回り、8社から依頼を受けました。その後、2度のプレゼンでついにチームの同意を得ることができ、実施することができました。

> ①広告はお金がかかるイメージがあるが、コスト0という表現をすることによってギャップを作り、目に入りやすい。
> ②新規の営業は難しいが、海外のビジネスマンを相手にも臆さず営業していることから「頼もしさ」が感じられる。また、高確率で依頼を受け、チームを説得させていることから「プレゼン力」もわかる。

留学

私は相手の唾をもバネにする戦略家です。トロント留学中に結成したパンクバンド、6人しかお客さんを集められなかった初ライブ、演奏後に店のスタッフに唾を吐かれました。そこで地元のCD屋に営業をかけ、店のTシャツを路上ライブで常に着る代わりに、①多民族の町トロントで、人々の目が自然に留まるよう4ヶ国語で作成したフライヤーを折り鶴状にして全3店舗に置いてもらいました。物珍しいフライヤーは瞬く間になくなり、3ヶ月後同じ店でのライブでは当初の②16倍強の94人を集客し、地元紙にサムライバンドとして掲載されました。

①その地域の特色を考えて、プロモーションを企画して実行する姿から行動力、創造力が感じられる。
②人数が少ないことから、具体的な人数をあえて出さずに「16倍強」という表現でとどめてもよいかもしれない。

語学学習

私は問題意識を行動に移すことを心がけています。お金のかかる語学勉強に疑問を感じた際、2つの工夫をしました。まず、英字新聞を入手するため図書館の方に協力を依頼。読み終わった後はトイレットペーパーと交換し図書館に還元することを提案し、無料で入手しました。また、同じ授業に出席していた留学生に声をかけました。①趣味を通じて親交を深め、日曜日には東京を案内し英語に触れる機会を増やしました。その結果、②「80円でTOEIC810点」を実現させました。常に疑問を持ち、それを行動に移すことで自分流の確立を目指します。

①実際に話す機会をつくった工夫は素晴らしい。語学についてアピールする場合はどのように勉強し、それを活かしてきたのかを書くと良い。
②キャッチフレーズは少し大げさなくらいがいい。語学はお金がかかるイメージがあるが、それを逆手にとったフレーズは興味がわいてくる。また、TOEICの点数を書くことにより「語学力」もアピールできている。

家庭教師アルバイト

私は困難なことに誠心誠意を込めて行動できます。アルバイト先の個別指導塾で学習障害のある小学５年生の児童と出会い、２年間に及ぶ指導を行いました。普通の読み書きの授業ではなく、①計算問題で粘土を数十個に分けて指導する独自の方法を考え、その子の好奇心を煽る工夫を凝らしながら粘り強く取り組みました。すると奇跡的に症状が徐々に回復し、最後は粘土を使わなくても自分で計算できるようになりました。このことから、②「人のために愛情を持って地道に努力すれば必ず報われ花が咲く」という大切なことを学びました。

①「粘り」「粘土」など似たような表現を繰り返すことにより、諦めずに頑張ってくれそうなイメージが伝わってくる。
②最後に自分が学んだことを「ことわざ」のように表現することにより、印象に残りやすい。

ファーストフード・アルバイト

私は誰よりも素早く行動できます。
①ファーストフード店で３年間アルバイトし、キッチン業務を担当しておりました。お客様に喜んでいただくために店舗全体が最大限の力を発揮できるように自分の業務以外の動きを観察し、行動してきました。
②１）誰よりも早く資材の不足や器具の汚れに気づき、補充や洗浄をしました。
　２）常にカウンターの状況に目を配り、いち早く混雑に備えました。
　３）混雑時には業務の枠を超えてどこへでもヘルプに入りました。
結果、③店舗の売り上げ記録を15％更新し、トレーナーにも任命されました。

①アルバイトの期間を書くと継続力がアピールできる。
②具体的な行動を箇条書きにしているので、どのような行動をしてきたのかわかりやすい。
③売上金額の場合、業界によって重みが異なるので、「増加率」を記入するとわかりやすい。

演劇サークル

私は人一倍の好奇心を武器に舞台照明で世界を広げてきました。舞台の印象をガラリと変える力に魅力を感じ、演劇サークルに所属しました。①誰よりも知りたい、できるようになりたいと思い、技術向上のために他サークルの演劇・イベントで照明を担当して腕を磨きました。機材会社に出入りするたびにプロの方に質問して、高度な演出法を身につけました。結果、サークルではチーフを任され、②学園祭のメインステージの総合演出も担当し、30人以上の後輩を指導しました。この活動を通して「色」に興味を抱き、色彩検定2級を取得しました。

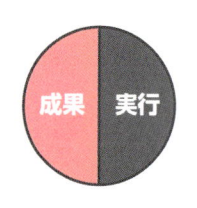

①他サークルにまで勉強のために参加して経験しようとすることはなかなかできることではない。好奇心旺盛なのが伝わってくる。また、「聞く姿勢」を持っていることは素晴らしい。
②具体的な人数を述べているので「マネジメント力」があることがわかる。

水泳指導員

①「効率的な楽しませ方を知っています」。②スイミングスクールは戦場です。私は指導員のアルバイトをしていますが、小学生のクラスは暇さえあれば勝手に騒ぎ始め、そのたびに指導が中断します。③そこで、子どもたちの意識を水泳に向けさせるため2つのことを心がけました。
1. 3分指導⇔5分練習のスタイルを確立し、集中力を保つ
2. 個々それぞれのほめ方・励ましを行い、子どもの進級意欲を高める

子どもたちは水泳を楽しんで2ヶ月に1人のペースで進級テストに合格するなど急速に上達し、私も指導の中に「楽しみ」を見出して自信につながりました。

①誰もが知りたいようなことを書くことにより、興味がわいてくる。
②たった一言で大変さが伝わってくる。
③箇条書きで具体的な手法が紹介されており、説得力がある。

コーヒーショップ・アルバイト

私は結果を出せるアイデアを思いつきます。コーヒーショップでアルバイトを3年間しており、①店長代理として福袋販売の時にプロモーションチームを結成しました。2週間前から店頭にオリジナルのポストカードを置き、黒板による告知を行いました。その際、常連のお客様の気を引くために、黒板にはカウントダウン形式で告知し、期待をあおるようにしました。結果、前年より200個も多く販売し、②「売上数世界一」という結果を出しました。その経験を活かし、新商品を販売する際には販売前から黒板などで告知し、売上個数エリア内月間1位を2ヶ月連続で獲得しました。

> ①「店長代理」のように役職を書くことによって、仕事に対する取り組みが伝わる。
> ②「世界一」「月間1位」「○ヶ月連続」など順位や期間をアピールすると説得力がある。

派遣

私は常に気遣いと努力を惜しまず打ち込みます。派遣スタッフとして、①マスコミ、人材、IT系などの企業で3年間事務系の業務を行いました。受付業務では必ずお客様、社員の方でも1度お会いしたら必ず名前を覚え、次回から名前をお呼びして挨拶しておりました。②エクセルが業務上必須であればエクセルをマスターし、クライアントの採用業務の支援の際には、クライアントの資料を徹底的に調査して読み込み、対応してきました。このように何事もベストを尽くすことにより「信頼」を勝ち取り、イレギュラーな案件でも自ら判断し、迅速に対応してきました。

> ①ただ継続年数だけでなく、仕事を行ってきた業界を挙げることにより、事務の経験が豊富なことがわかる。
> ②仕事をすると「エクセル」を使うことが多くなる。すでにビジネスマンとしての基礎があるように感じられ、期待がもてる。

インターン

私は人の心をつかむことが得意です。広告代理店のインターンで1日100枚名刺を交換するノルマを与えられた際には、話を聞いてもらう時間をいかにつくれるかが成功のポイントだと考えました。①まず、お客さんのいない時間帯の居酒屋をターゲットに絞り込みました。右胸に自作の名札をつけ、学生という特権を最大限利用して「●●大学の田中です」と店内に響き渡るほどの声で訪問しました。すると営業時間中だったとしても熱心に話を聞いてくれ、予想以上の短時間でノルマを達成できました。②今でも私の名刺交換の最短記録は塗り替えられておりません。

> ①自分の置かれた状況を分析し、自分で考えて行動する姿から「行動力」があることがわかる。
> ②最短記録のように「記録」で結果をアピールするとわかりやすい。

居酒屋アルバイト

①私はタイミングのいい人間です。居酒屋でアルバイトをする中で、どのようにすれば、もっとお客様に満足してもらえる接客ができるかを考えてきました。そこで思いついたのが、お客様がメニューを見ていれば、あえてそのテーブルに灰皿交換や、小皿の交換に行き、そのついでにご注文を受けるというものです。そうすることでお客様が大きな声を出すことなく注文できます。②その結果、たくさんのお客様に「君、タイミングがいいね」と喜んでもらえるようになり、店長からは新人教育も任されております。相手の状況に応じて、適切な行動ができるよう、これからも努力していきます。

> ①とてもわかりやすいキャッチフレーズだが、「人間」なのはわかるのでもう少し違うフレーズを検討してほしい。
> ②お客様の声、ほめられた言葉のように他者からの言動を結果として書くと説得力がある。

おわりに

　就職活動ほど人間として成長できる機会はなく、また自分について考えられる本当にすばらしい機会だと思います。新卒としての就職活動は、人生に1回しかなく、とても貴重な経験となるでしょう。

　就職活動を終え、本当に頑張った学生の顔つきは、就職活動を始めた時とはまったく違います。自信に満ちあふれ、羨ましいぐらいに輝いています。やはり、本当にやりたいこと、自分の強みがわかったとき、これほど嬉しいことはなく、自信にもつながるものなのです。

　しっかりと自己分析をしていれば、これからの目標や夢もはっきりし、それに向けて頑張れます。内定をもらうことは、「ゴール」ではなく「スタート」です。自分にふさわしい企業に入社できれば、きっと社会人として良いスタートを切ることができるでしょう。だからこそ、最後の最後まで妥協せず、できるかぎり手を尽くし、後悔のないように就職活動にのぞんでほしいのです。

　なお、最後になりますが、本書を出版するにあたり、出版のきっかけをつくってくださった日本実業出版社の方々、支援してくれた両親、ご協力いただいた坂井さん、尾崎さん、小林さん、谷本さん、大石さん、藤井さんなど勉強会のメンバーに感謝を申し上げます。

　本書を読まれた読者の方が最高の就職活動を送れることを祈るとともに、いつかどこかで一緒に仕事ができることを心から願っています。

読者の皆様に

著者 田口久人 作成

【無料特典レポート】

「本書に掲載しきれなかった！
自己PR事例集」

今すぐ、インターネットからダウンロードできます。

http://www.recruit-ranking.com/tokuten

この他にもHPやBLOGでは就職活動に役立つ情報を提供しております。
興味のある方はご覧ください。
「タイトル名」で検索するとすぐに見ることができます。

▶自己PRコンテスト
　　　　　　　http://self-pr.net/

▶内定の常識
　　　　　　　https://www.facebook.com/naitei

▶就職活動ベストブログランキング
　　　　　　　http://recruit-ranking.com/

著者 田口久人へのセミナー、講演依頼、相談、取材、お便り先はこちら

E-mail：**info@job-forum.jp**

twitter ID：**taguchi_h**